Antje Bostelmann (Hrsg.)

Praxisbuch Krippenarbeit

Leben und lernen mit Kindern unter 3

Verlag an der Ruhr

Impressum

Titel
Praxisbuch Krippenarbeit
Leben und Lernen mit Kindern unter 3

Herausgeberin
Antje Bostelmann

Umschlagmotiv
© Vladimir Mucibabic – Fotolia.com

Fotos im Innenteil
soweit nicht anders angegeben: © Barbara Dietl, Heiko Mattschull

Druck
Heenemann GmbH & Co. KG, Berlin, DE

Verlag an der Ruhr
Mülheim an der Ruhr
www.verlagruhr.de

Geeignet für die Altersstufen 0–3

Urheberrechtlicher Hinweis
Das Werk und seine Teile sind urheberrechtlich geschützt. Jede Verwendung in anderen als den gesetzlich zugelassenen Fällen bedarf der vorherigen schriftlichen Einwilligung des Verlages. Der Verlag untersagt ausdrücklich das Herstellen von digitalen Kopien, das digitale Speichern und Zurverfügungstellen dieser Materialien in Netzwerken (das gilt auch für Intranets von Schulen und sonstigen Bildungseinrichtungen), per E-Mail, Internet oder sonstigen elektronischen Medien außerhalb der gesetzlichen Grenzen. Keine gewerbliche Nutzung.

Bitte beachten Sie die Informationen unter www.schulbuchkopie.de.

Soweit in diesem Produkt Personen fotografisch abgebildet sind und ihnen von der Redaktion fiktive Namen, Berufe, Dialoge u. Ä. zugeordnet oder diese Personen in bestimmte Kontexte gesetzt werden, dienen diese Zuordnungen und Darstellungen ausschließlich der Veranschaulichung und dem besseren Verständnis des Inhalts.

© Verlag an der Ruhr 2008, Nachdruck 2021
ISBN 978-3-8346-0353-1

Inhaltsverzeichnis

7 **Einleitung**

Kapitel 1:
Fürsorge, Vertrauen, vielfältige Anreize: Was ein Kind braucht

17 Nach hunderttausend Jahren endlich nur noch zu zweit? – Aufwachsen heute

19 Von der „Tante" zur Entwicklungsbegleiterin – Krippenarbeit im Wertewandel

21 Grundwerte für Krippenpädagoginnen

24 Kleine Sensationen statt Verkleinerung: Bildungsarbeit für Kinder unter drei

Kapitel 2:
Ständig in Entwicklung: Räume für Krippenkinder

27 Der Raum der 0- bis 1-Jährigen

31 Die Spiel- und Aktionsräume der 1- und 2-Jährigen

36 Der Bewegungs- und Schlafraum

38 Das Atelier

40 Der Essplatz

41 Das Badezimmer

42 Das Material-Fühl-Bad

42 Im Garten

44 Inspirationsbilder

Kapitel 3:
Ein Tag in der Krippe: Die Babys

46 Ein Alien orientiert sich – Menschen im ersten Lebensjahr

47 Fußbodenzeit

49 Ein Atelierbesuch

51 Ein neuer Gegenstand wird erkundet

52 Wickeln

54 Alles zu seiner Zeit

54 Mittagszeit

56 Zwiegespräch mit Baby

Kapitel 4:
Nachahmen, erforschen, untersuchen: Was spielen Krippenkinder?

58 Rotation entdecken: bewegen, rollen, drehen, kreiseln

59 Dinge fortbewegen: Der Transport

60 Alles will nach unten: Die Fall-Linie

61 Nicht mehr sichtbar heißt nicht weg: Das Verstecken

62 Aus zwei Dingen wird eins: Das Verbinden

63 Spielformen im Krippenalter

Kapitel 5:
Ein Tag in der Krippe: Die Einjährigen

66 Nachmacher, Trickser, Spaßvögel: Menschen im zweiten Lebensjahr

68 Morgenkreis

69 Farben-Spiele im Atelier

72 Das Ich-Buch

74 Durchkriechen, draufsteigen, runterrutschen, schaukeln: Der große Bogen

74 Lieder und Gesten läuten Handlungen ein

76 Satt werden und essen lernen

78 Das Schlafkörbchen

Inhaltsverzeichnis

Kapitel 6:
Aktionstabletts: Rätsel für Wahrnehmung und Motorik

- 80 Aktionstabletts

Kapitel 7:
Ein Tag in der Krippe: Die Zweijährigen

- 86 Naive Alleskönner: Menschen im dritten Lebensjahr
- 87 Frühstückszeit!
- 88 Morgenkreis mit Geschichten-Körbchen
- 90 Musik erleben
- 91 Mitspielen
- 93 Frische Windeln
- 93 Ein Ausflug
- 94 Sich selbst verstehen, sich mit anderen verstehen
- 96 Mittagessen
- 97 Gemeinsame Ruhezeit
- 98 Der Hügel im Schlafraum
- 100 Aufräumzeit

Kapitel 8:
Gemeinsam für das Kind da sein: Brücken bauen zwischen Eltern und Pädagoginnen

- 102 Erste Schritte ohne Kind: Bedürfnisse junger Krippeneltern
- 105 Standardinstrumente für gute Elternarbeit in der Krippe

Kapitel 9:
Gezielt beobachten, Bedürfnisse erkennen, Themen entwickeln: Planen in der Krippe

- 112 Gezielte Fragestellungen als Beobachtungsthema
- 113 Sortieren der Beobachtungen
- 114 Warum tun die Kinder das? – Hintergründe herausfinden
- 115 Was könnte den Kindern bei „ihren" Themen weiterhelfen? – Anregung und Unterstützung planen
- 116 Ein pädagogischer Materialfundus für Krippenerzieherinnen

Kapitel 10:
Was ein Kind nicht braucht: Über unnötige Helfer und echte Gefahren

- 118 Gefährliche Niedlichkeiten
- 119 Frühstücksdose
- 119 Rückhalte-Lätzchen und unechte Trinklernflasche
- 120 Füttertricks
- 120 Laufstall für Laufende
- 121 Wickel-Gummihandschuhe
- 121 Feste Wickelzeiten
- 122 Sauberkeitserziehung
- 122 Töpfchen
- 123 Strafen und Tadel
- 123 Babywipper
- 124 Babywalker
- 124 Was ein Kind nicht braucht – Ein Fazit
- 125 Nicht für Kinder unter drei … Sicherheit in Kinderkrippen

- **128 Nachwort für Eltern und Erzieherinnen**
- **130 Literatur- und Internettipps**

Liebe Leserinnen[1],

die aktuelle Debatte um die Notwendigkeit von **Krippenbetreuung** und die Bemühungen der Bundesregierung, **Krippenplätze** bundesweit in ausreichender Zahl bereitzustellen, bewegen die Gemüter. Als Praktiker und Umsetzer einer modernen Betreuungsdienstleistung bleiben wir bei KLAX davon nicht unberührt, doch hören wir uns diese Debatte mit Verwunderung an. Einige der heutigen KLAX-Kindertagesstätten haben noch vor der Wende in Ostdeutschland als staatliche Einrichtungen ihren Betrieb aufgenommen. Viele Erzieherinnen haben hier eine noch heute als qualitativ hochwertig geltende Ausbildung genossen, und nicht wenige heutige Mitarbeiter von KLAX sind damals noch gezielt als **Krippenerzieherinnen** ausgebildet worden. Für uns sind Krippen also eine Selbstverständlichkeit. Wir fragen nicht danach, ob **Krippen gut sind für Kinder**. Wir sehen uns lieber die Krippen an und fragen danach, ob das, was dort passiert, **den Kindern nützt**.

All das, was bei KLAX und in anderen Kindereinrichtungen vor allem im Ostteil der Bundesrepublik selbstverständlich ist, wirft anderswo viele Fragen auf.

Besonders in unseren Fortbildungen merken wir, wie groß der Bedarf nach fachlicher und inhaltlicher Unterstützung bei der Gestaltung der Krippenarbeit ist.

Aus unserer fast zwei Jahrzehnte langen Erfahrung heraus können wir mit diesem Buch mithelfen, den Aufbau von guten und kindgerechten Krippen in Deutschland zu unterstützen.

Wie dieses Buch entstand

In **KLAX-Kindergärten** werden Kinder im Alter von 0 bis 6 Jahren betreut. Da die meisten KLAX-Kindergärten eine offene und altersgemischte Arbeit vorziehen und diese für Kinder unter zwei Jahren nicht geeignet ist, gibt es in allen KLAX-Kindergärten Nesträume für die Kleinsten. Nach diesem Prinzip wurde viele Jahre in den KLAX-Kindergärten gearbeitet. Seit einigen Jahren fiel den Erzieherinnen verstärkt auf, dass die Bedürfnisse der Kinder in den Nesträumen nicht immer umfassend erfüllbar sind. Die Unterbringung der Zweijährigen im offenen Bereich bringt Probleme mit sich, denen sich nicht alle Pädagoginnen und Eltern gewachsen fühlen.

Diesen Herausforderungen Rechnung tragend, besannen sich die Krippenerzieherinnen bei KLAX auf ihr Fachwissen und bekamen aktive Unterstützung durch den italienischen Pädagogikprofessor **Matteo Bianchini**. Die Krippen in Florenz arbeiten sehr erfolgreich nach einem langjährig erprobten System.

Separate Räume für jede Altersgruppe; besondere, speziell für die Entwicklungsschritte der Kinder ausgewählte Materialien und eine Elternarbeit, die weit über Elternabende und Infoveranstaltungen hinausgeht.

Zurückgreifend auf die italienischen Erfahrungen und das vorhandene Fachwissen der Krippenpädagoginnen begannen einige KLAX-Kinderhäuser, sich in Krippe und Kindergarten aufzuteilen.

Heute gibt es **vier Krippen** bei KLAX.

Um die Erfahrungen in der Arbeit mit den Kindern unter drei Jahren auch anderen zugänglich zu machen, dokumentierten die Erzieherinnen der KLAX-Kinderkrippen von Anfang an ihre Arbeit. Diese **Dokumentationen** und **Erfahrungsberichte** sind die Grundlage dieses Buches.

---

[1] *Um den Lesefluss nicht zu behindern, haben wir im gesamten Fließtext des Buches die weibliche Form gewählt. Natürlich sind damit auch immer Männer gemeint, also Erzieher, Pädagogen, Fachanleiter etc.*

Einleitung

Wen wir erreichen möchten

Unser Buch über die praktische pädagogische Arbeit in Kinderkrippen richtet sich an Pädagoginnen, die selbst eine Krippe betreiben, dieses planen oder in ihrer bestehenden Einrichtung die Arbeit mit den Kindern unter drei Jahren hinterfragen und verbessern wollen.

Dieses Buch kann auch **Tagesmüttern** helfen, mit den ihnen anvertrauten Kleinkindern einen erfolgreichen und für alle zufriedenstellenden pädagogischen Alltag zu erleben. Wir wenden uns aber bewusst nicht nur an Pädagoginnen. Viele **Eltern** fragen sich, verunsichert durch die aktuelle Krippendebatte, ob es für ihr Kind gut wäre, in einer Krippe betreut zu werden. Unser Buch vermittelt Einblicke in den Krippenalltag und hilft so, auch Eltern zu verstehen, welche großartigen Erfahrungen und wesentlichen Entwicklungsschritte ihre Kinder in einer gut organisierten und pädagogisch anspruchsvollen Krippe machen können.

Das Buch beschreibt, was Kinder unter drei Jahren brauchen, um sich optimal entwickeln zu können. Es ist ein **Praxisratgeber** für Menschen, die Kinder unter drei Jahren betreuen und Rat haben möchten, wie man den Alltag für Kleinstkinder optimal gestalten kann.

Uns Autoren geht es vor allem um die Vermittlung einer Überzeugung: Wir wissen, dass Kinder in den ersten Lebensjahren eine **intensive Förderung**, eine **anregende Umgebung** und vor allem **andere Kinder** brauchen. Förderung meint auf keinen Fall irgendwelche Lernprogramme: Kleinkinder haben quasi ein inneres Programm, sich die Welt anzueignen. Menschen, die Kinder unter drei begleiten, müssen ihre Bedürfnisse und ihre Wege, sich die Welt zu erschließen, erkennen. Ihre Aufgabe ist es, dazu durch Material und Raumgestaltung einen Rahmen bereitzustellen, in dem das Kind seine Aneignungsweise entfalten kann.
Was könnte das Kind als Nächstes untersuchen wollen, um sich die Welt um sich herum zu erschließen?

Die Pädagoginnen müssen wissen, auf welchem Weg sich Kleinkinder Dinge aneignen, um dazu Anreize zu entwickeln.

Gute Begleiter von Kleinstkindern, so unsere tägliche Erfahrung als Gestalter von Berliner KLAX-Kinderkrippen, kennen die Strategien des Menschen unter drei und nutzen sie, um daraus Entwicklungsanreize zu gestalten.

Unser Buch will allgemeine Ratschläge für eine entwicklungsbezogene Betreuung und Förderung von Kleinkindern geben. Sie werden hier anwendbar für Pädagoginnen in der Krippe und der Tagespflege dargestellt.

Konzentriert, aktiv, interessiert: Kleinkinder entdecken ihre Welt durch Nachahmung.

Was in den Kapiteln steht

Der Blick auf Kinder unter drei Jahren befindet sich im Wandel, und damit wandeln sich die Erwartungen an und der Blick auf die Betreuungseinrichtung Krippe. Auf den ersten Seiten soll von verschiedener Seite beleuchtet werden, welche Konsequenzen dieser Umbruch für die in der Krippe arbeitenden Menschen hat. Am Ende des Kapitels versuchen wir, ein Fazit zu ziehen: Welche **Grundwerte und -überzeugungen** sollte eine moderne Krippen-Pädagogin heute haben?

Der Praxis-Teil beginnt mit **Rahmenbedingungen** für gutes Arbeiten in der Krippe: Vorgestellt wird zuerst, welche **Räume** eine Kinderkrippe aufweisen sollte, um den Kindern entsprechend ihrer Entwicklungsbedürfnisse Anreize zu geben. Wie sollten die Räume sinnvoll eingerichtet sein? Welche **Materialien** sind besonders geeignet, um die Kinder zu fördern?

Anschließend begibt sich der Leser in jedem der drei Lebensjahr-Kapitel „in die Praxis": **Was charakterisiert Kinder im ersten, zweiten, dritten Lebensjahr.** Was brauchen sie dafür?

Zu jedem Lebensjahr des Kindes werden zunächst ausgewählte entwicklungsphysiologische Stichpunkte erläutert. Was ist typisch für das jeweilige **Lebensjahr** und Entwicklungsstadium? Was braucht das Kind in dieser Zeit folglich?

Es folgt die Darstellung eines darauf abgestimmten typischen **Tagesgeschehens**: Welche Phasen hat ein Tag bei der Altersgruppe, welche Impulse verwenden die begleitenden Pädagoginnen, um die Kinder zu animieren und zu begleiten?

Besondere Beachtung verdienen in der Darstellung die **Essens- und Pflegephasen**. Gerade hier ist es Anliegen der Autoren, diese alltäglichen Situationen als geeignete Momente zur Förderung der Selbstständigkeit, aber auch zum Schaffen von Vertrautheit zu beschreiben.

Immer wieder schreiben wir in diesen Kapiteln darüber, was ein Krippenkind braucht, um sich gut entwickeln zu können. Auf den letzten Seiten des Buchs drehen wir unter der Überschrift **„Was ein Kind nicht braucht"** den Spieß herum: Welche scheinbar unumgänglich zu beschaffenden Dinge sind in einer Kinderkrippe eigentlich unnötig oder sogar schädlich?

KLAX stellt sich vor

KLAX ist ein gemeinnütziger Träger, dessen zentrales Ziel die Förderung der Bildung und Kreativität von Kindern ist. Das Unternehmen startete 1990 mit kreativen Kinderkursen in Malerei, Keramik und Tanz. Seit 1992 haben wir unser Konzept, um dessen Weiterentwicklung wir uns ständig bemühen, auf den Betrieb von Kindergärten ausgeweitet. Auch in diesem Bereich möchten wir mit unserem pädagogischen Ansatz und unseren Vorstellungen über Bildung und Kreativität einen Beitrag zur anspruchsvollen Förderung von Kindern leisten. Nach dem KLAX-Konzept arbeiten mittlerweile 16 Berliner Kindergärten und 4 Krippen, seit 2001 gibt es unsere private Grundschule.

Alle Einrichtungen der KLAX gGmbH arbeiten nach dem pädagogischen Konzept von KLAX. Aufgabe der Abteilung *Pädagogische Entwicklung und Prozesssteuerung (PEP)* ist es, die pädagogische Arbeit in allen KLAX-Einrichtungen durch inhaltliche Vorgaben zu steuern, die pädagogische Qualität zu überprüfen und zu verbessern. Zudem wird das pädagogische Konzept von KLAX im Sinne gesellschaftlicher Anforderungen ständig weiterentwickelt. Für die KLAX-Kindergärten, die KLAX-Schule und das Institut ist die *PEP* gleichermaßen zuständig. Für jeden Bereich werden im *PEP* die pädagogischen Handbücher erstellt und gepflegt, in denen die pädagogischen Standards, Prozesse und Abläufe der Einrichtung beschrieben sind. Durch eine enge Anbindung an die Praxis ist gewährleistet, dass die pädagogischen Handbücher stetig aktualisiert werden. Die *PEP* gibt u.a. die jährliche Selbstevaluation in Auftrag und wertet diese aus. Durch Audits, regelmäßige Berichte der Fachanleiterinnen und andere Maßnahmen verschafft sie sich einen Einblick hinsichtlich der Umsetzung der pädagogischen Standards und des aktuellen Qualitätsstands in der jeweiligen Einrichtung.

Die *Kinderbildungswerkstatt* des *Instituts für KLAX-Pädagogik* bietet ein Kursprogramm für Kinder, Jugendliche und Erwachsene in allen Bildungssparten an.

Reisen für Familien und Kindergruppen in unser *Indianerdorf* in der Mecklenburgischen Schweiz gehören ebenfalls zum Programm.

Unser Bild vom Kind

„**KLAX – bei uns lernt die Zukunft**", das ist das Motto unseres Leitbildes. Bei allem, was wir tun, denken wir über die Bedürfnisse von Kindern nach und messen den Erfolg unserer Arbeit daran. Unser Bild vom Kind basiert auf der Annahme, dass Kinder von Anfang an große Potentiale mitbringen. Um diese Anlagen zu entfalten, brauchen sie vielfältige Anregung durch ihre Umwelt.

Nur wenn man die **Individualität** jedes Kindes berücksichtigt und es unterstützt, seinen eigenen Weg zu finden, kann es seine Potentiale entfalten. Um sich optimal zu entwickeln, brauchen Kinder jedoch vielfältige Anregung zur Auseinandersetzung mit der Welt. Entwicklung und Bildung zu fördern, bedeutet also auch, Kindern bewusst Erfahrungen zugänglich zu machen, ihnen **anspruchsvolle Bildungsangebote** zu machen und ihnen Wege des Lernens aufzuzeigen.

Lernen ist ein **lebenslanges Grundbedürfnis** des Menschen. Wir begreifen es als Aufgabe, bei Kindern die Eigenmotivation zum Lernen zu erhalten und zu fördern. Kinder lernen begeistert, wenn sie dabei ihre eigene Neugier stillen können: Unsere Aufgabe als Pädagoginnen ist es daher, Kinder bei der **Entwicklung** eigener Fragestellungen zu unterstützen. Wir müssen spannende Bildungsangebote für sie entwickeln, in denen ihre Neugier Nahrung findet.

Lernen bereitet Lust, wenn man auf eine Weise lernen kann, die dem eigenen Charakter entspricht: Wir müssen Kinder unterstützen, ihre optimale Weise des Lernens kennenzulernen. Wir wollen Bedingungen schaffen, die es Kindern ermöglichen, alle Sinne einzusetzen. Lernen muss ganzheitlich sein. Lernfreude bleibt erhalten, wenn man sich dabei als handlungsfähig erleben und für das Erlernte Stolz entwickeln kann. Wir begreifen es als wichtige Aufgabe, bei Kindern ein Bewusstsein für ihren eigenen Weg des Lernens aufzubauen und sie zu befähigen, ihre Lernprozesse reflektieren zu können. Indem Kinder erfahren, wie sie lernen und was sie schon gelernt haben, können sie eine sichere positive Haltung zu allen kommenden Lernaufgaben aufbauen.

Die KLAX-Kindergärten

Unsere KLAX-Kindergärten existieren seit 1992 und sie setzen die Prinzipien und Werte der KLAX-Pädagogik seither konsequent um. Wir verstehen es als zentrale Aufgabe, Bildung zu vermitteln. Kindergartenkinder sind hungrig nach Wissen und neuen Erfahrungen wie niemals später. Aufgabe des Kindergartens ist es daher, Kindern in dieser wichtigen Zeit immer wieder neue Anreize zu geben. Im Kindergarten treffen Kinder auf die erste soziale Gemeinschaft ihres Lebens, sieht man von der Familie einmal ab. Wir wollen ihnen helfen, sich darin gut aufgehoben und sicher zu fühlen. Wir zeigen ihnen, wie man mit anderen Menschen gut zurechtkommt und dabei eigene Bedürfnisse nicht vergisst. Kinder brauchen **Selbstbewusstsein** und **Selbstvertrauen**, um mutig und aktiv durch das Leben zu gehen. Wir haben die Aufgabe, **Selbstwertgefühl** und **Stolz** zu wecken, indem wir es Kindern ermöglichen, sich künstlerisch auszudrücken und ihre neu erworbenen Kompetenzen zu beweisen. Kindergärten sollen Orte sein, die Kinder gerne besuchen, weil sie gemütlich, fantasieanregend und menschlich gestaltet sind, wie ein zweites Zuhause.

Was soll der Kindergarten den Eltern bieten? **Verlässliche Betreuungszeiten** sind eine berechtigte Anforderung. Eltern wollen zudem sicher sein, dass ihr Kind während des Arbeitstages anspruchsvoll betreut wird. Sie brauchen Einblicke in die Entwicklung und Förderung ihres Kindes. Auch das Heranführen der Kinder an eine **gesunde Ernährungsweise** ist vielen Eltern ein wichtiges Anliegen. Schließlich werden in den ersten Lebensjahren entscheidende Weichen gestellt.

Kinder brauchen im Kindergarten beides: Die Geborgenheit einer überschaubaren Gruppe sowie den Freiraum, sich Spielpartner und Beschäftigungen auswählen zu können. Die KLAX-Kindergärten arbeiten daher mit einer Mischung aus **offener Arbeit und fester Gruppenzugehörigkeit**. Jeder Kindergarten von KLAX betreut Kinder im Alter von 0 bis 6 Jahren.

Das Nest

Im Nestraum finden Kinder unter zwei Jahren Geborgenheit. Hier werden sie ganztägig von speziell ausgebildeten Nestraumpädagoginnen betreut. Erst allmählich lernen sie die Angebote im offenen Bereich kennen.

Die Krippen

Einige KLAX-Kindergärten verfolgen seit einiger Zeit ein anderes Konzept für Kinder unter drei Jahren. Eigens für diese Altersgruppe wurden Krippen gegründet. Hier gibt es für die Kleinsten altershomogene Gruppen, die in Raumgestaltung und Materialauswahl den besonderen Bedürfnissen und Spielgewohnheiten des jeweiligen Lebensjahres entgegenkommen.

Bezugsgruppen

Jeder KLAX-Kindergarten wird von bis zu 60 Kindern besucht. Maximal 13 Kinder gleichen Alters bilden eine Bezugsgruppe, deren Ansprechpartner die Bezugspädagoginnen sind. Unser Bezugsgruppensystem, in dem jeweils eine relativ kleine Anzahl von Kindern gemeinsam spielt und lernt, sichert die individuelle Förderung jedes einzelnen Kindes nach seinen Fähigkeiten und Bedürfnissen.

Im offenen Bereich der Kindergärten spielen und lernen Kinder ab drei Jahren zusammen. Hier gehört jedes Kind mit seinen Altersgenossen einer Bezugsgruppe an. Mit der Bezugspädagogin treffen sich die Kinder zum Morgenkreis und zu den Mahlzeiten. Auch die morgendlichen Bildungsangebote erleben die Kinder im vertrauten Kreis ihrer Bezugsgruppe, hier treffen sie allerdings auf die jeweilige Facherzieherin.

Offene Arbeit

In den anderen Zeiten des Tages können sich die Kinder je nach Interesse über den gesamten Kindergarten verteilen. In allen Räumen der Einrichtung werden von den Pädagoginnen offene Angebote vorbereitet, denen sich die Kinder anschließen können, es sei denn, sie entscheiden sich für das Freispiel im Haus oder im Garten. Während dieser Tagesphasen spielen ältere und jüngere Kinder miteinander.

Lernen in fünf Bildungsbereichen

Im KLAX-Kindergarten wird in fünf Bildungsbereichen gespielt und gelernt. In jedem Kindergarten arbeiten Pädagoginnen zusammen, die für jeweils einen dieser Bildungsbereiche spezialisiert sind.

- **Malen, formen, gestalten:**
  Der Bildungsbereich *Atelier*

- **Körpererfahrung und Körperbewusstsein:**
  Der Bildungsbereich *Körper*

- **Klänge, Rhythmen, Melodien:**
  Der Bildungsbereich *Musik*

- **Alle Wunder der Welt:**
  Der Bildungsbereich *Universum*

- **Wie Menschen zusammenleben:**
  Der Bildungsbereich *Gesellschaft*

Räume und Materialien

Wir wollen den Kindergartenkindern durch eine überlegte Raumgestaltung und Materialauswahl eine hervorragende Lernumgebung schaffen. In den Räumen der Einrichtungen sollen sie sich wohlfühlen, ihre Sinne und ihre Lernlust sollen angeregt werden. Unsere Kindergartenräume sind Funktionsräume: Alle Bildungsbereiche haben einen eigenen „Heimatraum", so gibt es ein Atelier, einen Universum-Raum, einen Bewegungsraum, einen Musikraum.

Das Kindergartenportfolio

Jedes Kind hat seinen eigenen, unverwechselbaren Weg der Entwicklung und des Lernens. Wir begreifen es als wichtige Aufgabe, die individuellen Entwicklungs- und Lernwege der Kinder genau zu verfolgen und zu dokumentieren. Je besser wir über jedes Kind Bescheid wissen, desto sicherer können wir sein, es auf eine optimale und ihm gemäße Art zu fördern.

Aus diesem Grund führen wir für jedes Kind ein Portfolio, in dem wichtige Entwicklungsschritte und erreichte Bildungsziele dokumentiert und reflektiert werden. Im Kindergartenportfolio wird alles gesammelt, was die Entwicklung des Kindes dokumentieren kann: Entwicklungseinschätzungen, Beobachtungen, Fotos aus dem Kindergartenalltag, Kommentare von Kindern, Eltern und Pädagoginnen. Kindergartenportfolios sind keine Kinderakten, sondern sollen Kindern, Eltern und Pädagoginnen die Geschichte des Aufwachsens jedes Kindes erzählen und illustrieren: Deshalb finden sich auch Zeichnungen, Sprüche, Erzählungen und Gedanken des Kindes im Buch.

Eltern sind eingeladen, eigene Dokumente für das Kindergartenportfolio beizusteuern. Bei den halbjährlichen Elterngesprächen wird gemeinsam mit den Erzieherinnen und Kindern das Portfolio betrachtet, über Lernerfolge gesprochen und Entwicklungsfortschritte gelobt. Außerdem wird verabredet, wie man das Kind weiter fördern und unterstützen kann.

Qualifiziert: Die Pädagoginnen bei KLAX

Alle Pädagoginnen absolvieren nach ihrer Erzieherinnenausbildung eine berufsbegleitende Fortbildung zur *KLAX-Pädagogin* oder sind noch dabei. Dies garantiert, dass alle Erzieherinnen über die erforderlichen Kompetenzen verfügen, um die Kernpunkte des KLAX-Konzeptes optimal im Alltag umsetzen zu können. Innerhalb dieser berufsbegleitenden Fortbildung wählen alle Pädagoginnen eine Fachspezialisierung aus, um in einem der fünf Bildungsbereiche besondere Qualifikationen nachweisen zu können. Die KLAX-Pädagogik lebt von engagierten, authentischen Erwachsenen, die selbst Spaß am Lernen haben und sich ständig weiterentwickeln. Jährlich bewerten die Teams die Qualität der pädagogischen Arbeit und verändern Zielstellungen, wenn es nötig ist.

Danksagung

Wir danken den Erzieherinnen und Leiterinnen der KLAX-Krippen für ihr Engagement und ihre Unterstützung bei der Entwicklung und Umsetzung des pädagogischen Konzeptes von KLAX für die 0- bis 3-Jährigen. Ihre Anregungen, Fragen und Hinweise, helfen uns bei der Weiterentwicklung und Aktualisierung des Konzeptes. Es ist der Verdienst der KLAX-Erzieherinnen, dass die pädagogische Arbeit in den Kindergärten und Krippen stets den Bedürfnissen von Kindern und Eltern entspricht. Sie stellen sich mutig, offen und flexibel neuen Herausforderungen und nehmen aktuelle Entwicklungen positiv auf, um sich deren nützliche Seiten im Sinne der Kinder anzueignen. Sie sind es, die das Konzept in ihrem Kindergarten- und Krippenalltag umsetzen und seine Weiterentwicklung gemeinsam mit uns vorantreiben.
Wir danken allen Kindern der KLAX-Krippen, die mit Spaß und Kreativität die in diesem Buch enthaltenen Projekte durchgeführt haben. Und den Eltern gilt unser Dank, die sich immer wieder für unsere Krippen und Kindergärten entscheiden, um ihr Kind Bildungsabenteuer erleben zu lassen.

Wir danken unseren Partnern in Florenz, die uns durch Einblicke in ihre Krippenpraxis, Vorträge und Fortbildungsveranstaltungen geholfen haben, eine beispielhafte Krippenpraxis in Berlin umzusetzen.
Besonderer Dank gilt Herrn Professor Matteo Bianchini und den Florentiner Krippen. Bedanken möchten wir uns auch bei dem Kindergartenausrüster Dusyma. Diese Firma unterstützt, geführt von ihrer engagierten Geschäftsführerin Lulu Schiffler-Betz, die Bemühungen von KLAX um gut ausgestattete Krippen und geeignete Materialien. In Dusyma haben wir ein Unternehmen gefunden, das uns sein Fachwissen bei der Herstellung von Spiel- und Bildungsmaterialien zur Verfügung stellt, damit wir unsere Spielmaterial-Erfindungen für die Krippen umsetzen können. In dieser Zusammenarbeit entstanden die große Bewegungsmatte, die Einsteckdosen, die Aktionstabletts, die Rundbögen und Höhlen. Alle Materialien werden demnächst bei Dusyma im Handel erhältlich sein.

Antje Bostelmann und Michael Fink
Berlin, im Januar 2008

Herausgeber und Autoren

Antje Bostelmann, Herausgeberin und Mitautorin des Buches, ist Geschäftsführerin der KLAX gGmbH in Berlin, die von ihr 1990 gegründet wurde. Das pädagogische Konzept des Trägers wurde von Antje Bostelmann mit dem Ziel entwickelt, die ganzheitliche Persönlichkeitsentwicklung von Kindern und Jugendlichen innerhalb verschiedener Einrichtungen optimal zu fördern und dadurch ihre sozialen, emotionalen und kommunikativen Kompetenzen zu stärken. KLAX unterhält in Berlin verschiedene Einrichtungen, darunter eine Kinderbildungswerkstatt, Kindergärten, Krippen und eine Grundschule. Sie organisiert Weiterbildungskurse für Mitarbeiterinnen und interessierte Erzieherinnen, Pädagoginnen und Künstlerinnen.

Michael Fink, Hauptautor des Buches, ist ausgebildeter Lehrer für Bildende Kunst und als pädagogischer Autor, Dozent und Berater tätig. Für KLAX ist er seit 2000 im Bereich „Pädagogische Entwicklung und Prozesssteuerung" tätig und ist dort verantwortlich für die Weiterentwicklung des pädagogischen Konzepts in den KLAX-Kindergärten und der KLAX-Kinderbildungswerkstatt.

Durch eigene Beiträge, lange Diskussionen oder auch kurze, aber wegweisende Hinweise haben die folgenden KLAX-Mitarbeiterinnen zum Buch beigetragen und ihm Gestalt gegeben:

Gabi Hagendorf, Fachanleiterin für die KLAX-Kindergärten und Krippen, begann selbst als Erzieherin bei KLAX. Jetzt sorgt sie dafür, dass Leiterinnen, Mitarbeiterinnen und Eltern kompetente Antworten auf Fragen des Alltags in Kindergarten und Krippe bekommen.

Angela Wohmann war lange Leiterin in einem KLAX-Kindergarten. Heute bildet sie als Mentorin in der „Weiterbildung zur KLAX-Pädagogin" KLAX-Mitarbeiterinnen und interessierte Pädagoginnen aus ganz Deutschland weiter.

Ulrike Rettig ist als Leiterin im KLAX-Kindergarten „Schmetterlingshaus" tätig.

Gisela Mattschull, ausgebildete Krippenerzieherin und eigentlich schon Rentnerin, ist mit großem Engagement in der Kinderkrippe „Wolkenzwerge" tätig. Sie gibt ihr umfassendes Fachwissen an junge Mitarbeiterinnen weiter und sorgt so dafür, dass diese die Kompetenzen und Fähigkeiten, die eine gute Krippenerzieherin benötigt, im Arbeitsalltag ausbilden können.

Gabriele Hollberg ist ebenfalls ausgebildete Krippenerzieherin und arbeitet in der Kinderkrippe „Mäusekiste". Sie beteiligte sich aktiv an der Umsetzung des Krippenkonzeptes in dieser Einrichtung.

Aus dem Team der KLAX-Krippe „Spatzennest" hat **Nadine Kruschel** mit Hinweisen und tiefen Einblicken in die Arbeit ihres Teams mitgewirkt.

Jenny Guthknecht aus dem KLAX-Kindergarten „Tinkerbell", **Robina Janke-Ertelt** aus der „Pusteblume" und **Silke Bolz** aus dem „Sonnenhaus" sind erfahrene Mitarbeiterinnen, die ihre Einblicke aus der Praxis zum Buch beigesteuert haben.

Viele andere KLAX-Pädagoginnen haben mit kleinen und großen Ideen, mit Durchhaltevermögen und dem Mut zum kreativen Denken zu den Geschichten in diesem Buch beigetragen. Ihnen sei an dieser Stelle, auch ohne Namensnennung, ausdrücklich gedankt.

Kapitel 1

Fürsorge, Vertrauen, vielfältige Anreize:
Was ein Kind braucht

1 Fürsorge, Vertrauen, vielfältige Anreize:

Oft genug wird in unserer Gesellschaft die Frage, was einem Kind in den ersten drei Lebensjahren guttut, auf einen einzigen Aspekt verknappt: Mutter oder auch mal Zeit ohne Mutter?

Keine Angst, niemand von uns will die Mutter oder den Vater durch eine Institution ersetzen. Das ginge auch gar nicht. Gewiss sind auch die Autoren des Buches nicht überzeugt, dass die ersten Lebensmonate des Säuglings unbedingt unter den Bedingungen der Krippe verbracht werden müssen, wenn es keine äußeren Notwendigkeiten dafür gibt.
Die Stärken der Krippe – Raumkonzept, Anregung, Vielfältigkeit durch viele Kinder – kommen in den ersten Monaten des Lebens noch nicht so gut zum Tragen. Bald aber können Krippen eine äußerst wertvolle Ergänzung zum Familienleben bieten, die Eltern Dinge abnimmt, die sonst nur unter Mühe zu leisten wären:

Spielkameraden als „Ko-Konstrukteure", die auf Augenhöhe mit dem eigenen Kind ein Bild von der Welt entwickeln.
Großzügige Raumecken zum Rutschen, Kramen, Herumschieben von Dingen, eine Wasserplanschecke.
Ritualisierte Tagesstrukturen, die sich vor allem nach kindlichen Bedürfnissen richten.
Auch nicht ganz einfach für alle jungen Eltern: Routinierte Griffe, eine routinierte Ansprache, immer gute Kinderbücher und Spielzeuge. Ein erprobt sicheres Raumkonzept. All dieses ist kein Ersatz für die Familie, aber eine äußerst sinnvolle Ergänzung.

Warum wird die Debatte immer auf die Frage „Krippe oder daheim" verknappt? Gewiss ist es eine interessante Fragestellung, einmal die Vorteile von häuslicher Betreuung und Krippe miteinander abzuwägen, aber die Diskussion blieb hier aus professioneller Sicht flach und unbefriedigend: Über die Frage, ob Krippe *generell* gut für Kinder ist, kommen viele Wortführer der Diskussion nicht hinaus. Schade, denn so fehlten die eigentlichen spannenden Fragen wie: Welche pädagogischen Angebote, welche Förderung brauchen Kleinstkinder? Was können Mütter und Väter davon zu Hause bieten, was kann und sollte eine gute Krippe bieten? Welche Qualität an Bildung brauchen Kleinstkinder, und wer kann sie ihnen bieten?

Gerade in den letzten Jahren haben Aufsehen erregende Forschungsergebnisse wie etwa aus der Hirnforschung gezeigt, wie wichtig gerade die ersten Lebensjahre für die geistige Entwicklung des Kindes sind. Kinder brauchen demnach vielfältige Anreize und Erfahrungsmöglichkeiten, um ihrem inneren Antrieb auf Lernen nachgehen zu können.

Ist es nicht angesichts dessen bedauerlich und gefährlich, wenn nicht darüber diskutiert wird, was Kinder in diesem Alter an Förderung gebrauchen können, sondern nur über die Frage der Betreuungsform? Deutlich geworden ist in der Diskussion doch wohl, dass es für „normale" Mütter oder Väter ohne pädagogische Ausbildung alleine schwer ist, ihrem Kind über die drei ersten Lebensjahre ein gutes Programm an Anregungen und Förderungen zu bieten.

Kinder brauchen vielfältige Anreize und Erfahrungsmöglichkeiten.

Nach hunderttausend Jahren endlich nur noch zu zweit? – Aufwachsen heute

Seit Urzeiten wachsen Kinder von klein auf mit vielen anderen Menschen auf: Geschwister, Eltern, Verwandte, Freunde, seit etwa 150 – 200 Jahren in „besseren Familien" in West- und Mitteleuropa hauptsächlich mit Mutter und Geschwistern. Seit etwa 50 Jahren wird es immer seltener, dass wenigstens ein Geschwisterkind dabei ist. Natürlich ist es „vorsintflutlich", immer auf den Urmenschen zu verweisen, der gewiss auch Kinder geschlagen und verstoßen hat. Aber ist es nicht auch eine merkwürdige Idee, dass die beste Gesellschaft für ein Kind nur aus einer einzigen weiteren Person besteht, die für alle Formen von Anregung und menschlicher Zuwendung verantwortlich ist?

Schon seit einigen Jahrzehnten beschäftigen sich Wissenschaftler mit der Bindungsfähigkeit und dem Bindungsverhalten von Kindern zu verschiedenen Betreuungspersonen in verschiedenen Betreuungsarrangements. Hier wie auch in der öffentlichen Diskussion gehen die Meinungen auseinander: Verfechterinnen eines konservativen Familienmodells sprechen von „Rabenmüttern", die ihre Kinder abschieben, um sich um ihre Karriere zu kümmern, und warnen vor den negativen Konsequenzen für das „vernachlässigte Kind", das dadurch keine Bindungsfähigkeit entwickeln könne. Interessant scheint uns dabei, dass Väter in dieser Diskussion kaum einen Raum einnehmen: Wären Männer, die sich aus der Betreuung ihres Kindes in den ersten Lebensjahren heraushalten, um zu arbeiten und eventuell Karriere zu machen, nicht entsprechend „Rabenväter", die ebenfalls dem Kind das Bindungsverhalten erschweren?

Auf der anderen Seite zeigen neuere Studien aus Schweden, USA, Frankreich, Österreich und Deutschland, dass „multiple Betreuungsarrangements", also die Betreuung in und gleichzeitig außerhalb der Familie, keineswegs negative Auswirkungen auf die Entwicklung des kindlichen Selbstbewusstseins haben, sondern eher förderlich sind. Und sie zeigen, dass auch eine weitere Furcht unbegründet ist: Die Fähigkeit zur Entwicklung einer emotionalen Bindung zu Vater und Mutter leidet nicht darunter.

Warum immer Mama?

Forscher sagen: Die Forderung nach der alleinigen Betreuung des Kindes durch die Mutter ist einem veralteten Bild der Kleinfamilie geschuldet. Vor allem in Westdeutschland wurde die Erziehung von Kleinkindern bis vor einigen Jahren hauptsächlich der Mutter überlassen, während der Vater seiner meist außerhäusigen Erwerbsarbeit nachging. Die Rollen in der Familie blieben so verteilt, wie es sich im Biedermeier zu Beginn des neunzehnten Jahrhunderts herausgebildet hatte: Der Vater in der rauen Welt draußen, die Mutter schirmt drinnen das Kind mit emotionaler Wärme davor ab. Weil die Hierarchien in diesem Rollenbild so klar verteilt waren, verfestigte sich die Vorstellung, das Kind könne allein bei der Mutter die Fähigkeit zu einer emotionalen Bindung ausbilden. Bis heute hält sich die These in einigen Kreisen vehement. Obwohl die ausschließliche Betreuung durch die Mutter keinesfalls der Normal- oder Urzustand ist!

Ein Blick weit über den Tellerrand zeigt Erstaunliches: Andere Gesellschaften kennen die Betreuung durch eine einzige Person, nämlich die Mutter, nicht. Bei den Efe, einem Stamm in Zaire/ Zentralafrika, wird ein Kind über den Tag von vielen, verschiedenen Menschen betreut, durchschnittlich von bis zu 14 Personen pro Stunde getröstet, hochgenommen, bespielt. Dennoch können die Kinder eine besondere Bindung zu ihrer Mutter entwickeln und sind auffallend friedlich und entspannt, wie Studien belegen.

1 | Fürsorge, Vertrauen, vielfältige Anreize:

Krippenkinder: selbstbewusst, neugierig, klug

Typisch Naturvolk? Keineswegs. Auch in Deutschland bis in die Zeit vor dem 2. Weltkrieg war es durchaus an der Tagesordnung, kleinere Kinder bei den größeren Geschwistern oder anderen Familienmitgliedern zu lassen, damit die Mutter arbeiten gehen konnte. Gleiches gilt für alle anderen Industriegesellschaften.

Dies änderte sich im Deutschland der 50er Jahre, als sich die Kleinfamilie zur vorherrschenden Gesellschaftsstruktur entwickelte und Frauen die Kinderbetreuung als eigentliche und einzige Aufgabe zugewiesen wurde. Wie bekannt, bildete sich in der DDR eine gegensätzliche Vorstellung zur Sozialisierung von Kindern heraus. Interessanterweise zeigen Studien, die noch vor der Wiedervereinigung in Ost und West zur Bindungsentwicklung von Kindern durchgeführt wurden, dass die Bindungsfähigkeit der im Osten sozialisierten Kinder, wo es ein flächendeckendes Betreuungsangebot gab, sich nicht von denen im Westen sozialisierter Kinder unterschied, die innerhalb ihrer Familien betreut wurden.

Eltern oder Krippe? Eltern und Krippe!

In aktuellen Studien zu Bindungsverhalten und -fähigkeiten von Kindern fand man heraus, dass Kinder in der Lage sind, mehrere Bindungen zu verschiedenen Menschen gleichzeitig einzugehen und auch zwischen den Bezugspersonen zu unterscheiden.

So konnte kein Unterschied zwischen außerfamiliär und innerfamiliär betreuten Kindern in Bezug auf ihre emotionalen Bindungsfähigkeiten festgestellt werden.

Dagegen fand man heraus, dass Kinder, die schon als Kleinkinder ab zwei Jahren in Krippen betreut wurden, ihren ausschließlich zu Hause betreuten Altersgenossinnen in ihren kognitiven Fähigkeiten im Durchschnitt zwischen sechs und neun Monaten voraus waren (vgl. Ahnert, 2004). Die Krippen-Kinder waren sozial kompetenter, selbstbewusster, durchsetzungskräftiger und offener; sie waren weniger ängstlich, hilfsbereiter und kooperativer, sie besaßen mehr Kenntnisse, waren kreativer im Umgang mit Materialien, verfügten über mehr arithmetische Fertigkeiten (Zählen, Messen, etc.), konnten Informationen besser behalten und verwendeten einen komplexeren Sprachstil.

Das heißt nicht, dass sie „für immer" intelligenter blieben, denn bis zum Abschluss der ersten Klasse haben sich diese Unterschiede wieder angeglichen. Allerdings spielt hierbei die Qualität der Betreuung der Kinder, die innerhalb der Familie betreut werden, eine wichtige Rolle. Sehr wohl können Eltern ihren Kindern soziale Verhaltensweisen beibringen und kognitive Fähigkeiten stärken, sodass kein Unterschied mehr zwischen Krippen- und Elternkindern zu bemerken ist. Aber weil das nicht allen Eltern gleich gut gelingt, sagt man: Gerade bei Kindern, denen diese Aufmerksamkeit auf Grund von sozialer Benachteiligung nicht zukommt, ist eine Krippenbetreuung von besonderer Bedeutung.

Sind Krippenerzieher die besseren „Profieltern"? Keine Angst. Trotz aller benannten Vorteile kann eine qualitativ noch so hochwertige öffentliche Institution die Eltern nicht ersetzen. Eltern üben, wie es die Forscherin Liselotte Ahnert beschreibt, einen größeren Einfluss auf ihre Kinder aus, als es Pädagoginnen in Kindergärten oder Schulen vermögen. Pädagoginnen müssen schließlich in der Gruppe ihre Aufmerksamkeit teilen, egal, wie sensibel sie auf die Bedürfnisse der einzelnen Kinder einzugehen vermögen. Wenn Pädagoginnen in Krippen und Eltern sich ergänzen, entsteht das beste Ergebnis für das Kind, denn es wird von zwei Seiten auf zwei wichtigen Gebieten gefördert. Die Eltern können ihr Kind stärker auf dem Gebiet der Emotion fördern, die Krippenerzieher eher auf dem Gebiet der Kognition.

Zusammengefasst kann festgestellt werden: Inner- und außerfamiliäre Betreuung können sich gegenseitig ergänzen. In beiden Bereichen kann das Kind die Fähigkeit zur Bindung erwerben und zwischen den jeweiligen Personen unterscheiden. Die Eltern stellen dabei eine wichtige Unterstützung dar, indem sie eine qualitativ hochwertige Krippe aussuchen und das Kind in der Anfangszeit nicht überfordern. Je sicherer die Eltern auftreten, desto sicherer wird das Kind sich fühlen. Krippen mit wohlüberlegter Raumgestaltung, angemessener Gruppengröße, einem abwechslungsreichen und kindgemäßen Tagesablauf, vor allem aber einem respektvollen und sensiblen Umgang mit den Kindern können einen unverzichtbaren Beitrag zur guten Entwicklung von Kleinkindern beitragen.

Von der „Tante" zur Entwicklungsbegleiterin –
Krippenarbeit im Wertewandel

„Bei den 5-Jährigen ist die Erzieherin Eva überfordert, aber dafür kann sie sich ja bei den Kleinen einbringen!" Wenn in diesem Buch versucht wird, ein zeitgemäßes Bild der Institution „Krippe" zu skizzieren, muss auch etwas zu den Akteuren in der Krippe gesagt werden. Krippenpädagogik muss sich wandeln, und die Krippenpädagoginnen müssen Schritt halten. Vor allem scheint es, dass sich grundlegende Bilder wandeln müssen: Das Bild, welches die Pädagoginnen von den Kindern haben, was sie von ihrer Arbeit und deren Zielen und Schwerpunkten haben.

Letztendlich muss sich dadurch und durch bewusstes Auftreten in einer neu gefundenen Rolle auch das Bild ändern, welches die Gesellschaft von der Krippen-Pädagogin hat. Leider ist nämlich der unschöne Satz zum Anfang dieses Textes immer noch in vielen Köpfen fest beheimatet: Stillschweigend gehen immer noch viele Eltern und Mit-Pädagoginnen davon aus, dass Krippenarbeit eine vergleichsweise einfache Tätigkeit ist, die man also eher den niedriger qualifizierten oder ambitionierten Pädagoginnen übergibt.

1 Fürsorge, Vertrauen, vielfältige Anreize:

Lieb, belastbar, mütterlich?

Eine kleine Umfrage unter Eltern ergab auf unsere Frage „Wie soll eine gute Krippen-Pädagogin sein, was braucht sie für ihren Job?" Antworten wie diese:

- Wie eine liebe Mami.
- Gerne älter, wie eine Oma. Wie eine Tante, deswegen nennt man sie ja oft auch so!
- Lieb muss sie sein, gerne auch einfachen, aber ehrlichen Gemüts.
- Sie braucht Hygiene-Wissen, kennt Wickeltipps …
- … in jedem Fall Nerven wie Drahtseile.
- Sie hat einen riesigen Busen, gerne knuffig und dick, viel Platz auf ihrem Schoß.
- Sie pflegt Kinder gerne, kämmt sie und füttert sie immer satt.
- Für die vernachlässigten Kinder ist sie ein echter Mama-Ersatz.

Natürlich stehen diese Vorstellungen vollends in der Tradition des deutschen Bildungswesen, dessen Hierarchiestufen dem Alter der dadurch gebildeten Menschen entspricht: Ganz unten die „Krippentante", dann die Erzieherin, dann die Grundschullehrerin, darüber mit dem Studienrat als erster typischer Männer-Beruf, als krönender Abschluss aber der Herr Professor. Je umfangreicher und je anspruchsvoller das zu vermittelnde Wissen ist, desto höher offenbar das Ansehen.

Sind die Anforderungen an die pädagogische Kompetenz der Professorin höher als bei der Lehrerin oder Erzieherin? Eventuell die Verantwortung, die dieser trägt? Diese Frage dürften die meisten Deutschen eher verneinen, offenbar spielt sie für das Ansehen des Berufsbildes auch keine entscheidende Rolle. Die Anforderungen an die Vermittlungstätigkeit der Professorin, an ihr pädagogisches Geschick im Umgang mit Studenten sind sehr gering. Wozu auch? Um den individuellen Entwicklungsstand geht es bei Studenten kaum, um das Erkennen von Bedürfnissen auch nicht.

Was ein Kind braucht | 1

> **Reflektiert, intelligent, kommunikativ kompetent!**
>
> … und so sehen es Krippenprofis selbst. In einem Krippen-Pädagogik-Seminar bei KLAX haben wir als Gegenentwurf Eigenschaften und Rollen zusammengetragen, die einer zukunftsfähigen Pädagogin in der Krippe gut zu Gesicht stehen:
>
> ▶ Als Expertin für die Entwicklung des Kindes steht sie auf einer Ranghöhe mit dem Kinderarzt.
> ▶ Sie ist eine Art Verhaltensforscher, weil sie aus Beobachtungen Schlüsse für die Förderung der Kinder zieht.
> ▶ Sie denkt didaktisch, wenn sie mit Kindern spielt und agiert.
> ▶ Sie hat hohes Wissen zu Ernährungs- und Gesundheitsfragen.
> ▶ Sie ist kompetente Beraterin für Eltern zu Entwicklungsfragen.

Die größten Profis – braucht man sie nicht am meisten dort, wo die Bedürfnisse nicht durch Befragung und Tests, sondern durch reflektierte Beobachtung zu erlangen sind? Wo alles noch am Anfang steht, der gelingen muss, um eine Grundlage für alle folgenden Lernschritte zu bilden? Langfristig dürfte das Ziel, überall in Deutschland in der Krippe die ersten entscheidenden Weichenstellungen auf dem Bildungsweg unserer Kinder vorzunehmen, nur erreicht werden, wenn nicht nur in den Köpfen, sondern auch in Bezug auf Ausbildungsniveau und Entlohnung ein Umdenken einsetzt:
Für den Anfang die besten Kräfte!

Grundwerte für Krippenpädagoginnen

Was sich in der Gesellschaft in Bezug auf die Wahrnehmung der Institution „Krippe" und ihrer Mitwirkenden ändern sollte, ist schnell postuliert. Wie aber kann ein Selbstverständnis einer modernen Krippenpädgogin aussehen? Wir haben versucht, Grundwerte für Krippenpädagoginnen zusammenzufassen.

Bedürfnisse erkennen statt eigene Vorstellungen aufzwängen

Die haben vielleicht einen Unsinn im Kopf! Tatsächlich mag das unermüdliche Tun von Kleinkindern für ahnungslose Beobachter zunächst wie Anarchie und Chaos aussehen.

Viele Eltern können diese Entwicklungstätigkeit des Kindes weder wahrnehmen noch wertschätzen: Nicht erstaunlich, dass sie diese vermutete Lücke mit Erwartungen füllen, was man alles gezielt per Kurs, Vorbild oder Ermahnung an Fähigkeiten anbahnen könnte.

Erster Grundwert von Krippenpädagoginnen sollte dagegen sein:

> Im – gut beobachteten – Verhalten von Kleinkindern kann ich alle sinnvollen Ansätze erkennen, die für seine Förderung gerade angebracht sind. Der innere Fahrplan des Kindes ist sinnfälliger als alle ausgedachten Förderpläne, wenn ich verständig bin, ihn zu erkennen und ihn, mit meiner fachlichen Kompetenz bereichert, im Einklang mit dem Kind umsetze.

Individuell begleiten statt kollektiv abfertigen

Zu Hause würde er nie freiwillig Mittagsschlaf machen, aber hier in der Gruppe … Eines der stärksten Argumente für Kindergarten und Krippe ist, dass Kinder in ko-konstruktiven Prozessen in der Gemeinschaft viel schneller und automatischer lernen als daheim. Dass aber vieles in Gemeinschaft einfacher geht, darf Pädagoginnen nicht dazu verleiten, alle Kinder über einen Kamm zu scheren. Wenn die Gemeinschaft dazu führt, dass sonst essunwillige Kinder mitessen und Spätschläfer auch um halb 12 mittags schlafen können, ist das gut. Wenn Kinder aber trotzdem ausscheren, muss das ganz normal sein.

Zweiter Grundwert für Krippenpädagoginnen könnte also sein:

> Ich nutze die Vorteile des Voneinander-Lernens, die eine Gemeinschaft bietet, aber ich begegne jedem Ausdruck des Willens eines Kindes, Dinge anders als die anderen zu machen, mit großem Respekt. Ich gestalte einen Alltag, der als Gemeinschaft erlebbar ist und dennoch größtmöglichen Spielraum für individuelles Tun bietet.

Verständnis schaffen als Grundlage für Einverständnis

Mit Kindern unter drei Jahren wird viel „gemacht", ohne sie um ihre Meinung zu fragen. Das geht auch kaum anders, schließlich können sie ihre Wünsche nur schwer artikulieren, und viele ihrer Forderungen sind aus Erwachsenensicht allzu unvernünftig und kurzsichtig: Nicht gewickelt werden wollen, weil es unangenehm ist, obwohl die volle Windel viel mehr Unbehagen verursacht. Natürlich wäre es auch nicht möglich, einen Tagesablauf in Absprache mit den Kindern zu gestalten, wie man es vielleicht mit 5-Jährigen probieren könnte: Wollen wir jetzt noch mal raus, oder gleich essen?

Es ist Aufgabe der Pädagoginnen, ihre Entscheidungen über den Ablauf des Krippentages transparent zu machen, damit Kinder sich darauf einstellen können, was als Nächstes passiert. Dazu können sich Pädagoginnen nicht alleine auf sprachliche Signale verlassen, sondern müssen viele Wege nutzen, um ihr Tun mit den Kindern verstehbar zu machen.

Dritte Grundüberzeugung von Krippenpädagoginnen soll also sein:

> Von Anfang an haben Kinder die Fähigkeit und das Recht, mitzugestalten, was wie mit ihnen gemacht wird. Die Pädagoginnen haben die Aufgabe, Wege zu finden, um mit dem Kind darüber sensibel zu kommunizieren.

Vielfalt bereitstellen statt Auswahl begrenzen

Da können die noch nicht rangehen, und das ist auch viel zu gefährlich! Für das traditionelle Verhältnis zum Kleinkind in unserer Gesellschaft ist charakteristisch, dass Erwachsene ihre Welt vor dem Zugriff der Jüngsten abgrenzen, eingrenzen und filtern: Dieses könnte kaputtgehen, jenes ist zu gefährlich. Was im heimischen Wohnzimmer vielleicht nicht zu umgehen ist, erleben Kleinkinder oft auch im Kindergarten: Absperrvorrichtungen vor dem bekletterbaren Regal, hochgestellte bunte Spielzeuge mit interessanten Kleinteilen. Natürlich motiviert das die Kleinen noch stärker, vorher als unerreichbar geglaubte Höhen zu erklimmen oder schwere Barrieren beiseitezuschieben.

Statt auf immer bessere Absperrungen und „Neins" zu vertrauen, soll es unsere Aufgabe als Pädagoginnen sein, alle diese Dinge, die den Erforschungsdrang der Kinder wecken, in ungefährlicher Form anzubieten. Unsere Erfahrung ist: Wenn Kinder eine Vielfalt an angebotenem Material zu Untersuchungen herausfordert, interessieren sie sich kaum für die wenigen gefährlichen Dinge. Umso weniger Anreize das angebotene Material bietet, desto mehr fühlen sich Kleinkinder von Steckdose, Blumenerde und Mensch-ärgere-dich-nicht-Figuren angezogen.

Was ein Kind braucht | 1

Vierter Grundwert für Krippenpädagoginnen wäre demnach:

> Kleine Kinder brauchen keinen kleinen Ausschnitt von unserer Welt, sondern eine eigene große Welt, die nach ihren Bedürfnissen gestaltet ist, also sicher, erforschbar und spannend zugleich.
> Ich habe die Aufgabe, Kindern eine solche Welt in größtmöglicher Vielfalt bereitzustellen.

Die Perspektive teilen statt nur den Überblick haben

„Die hat ihre Kinder immer gut im Blick!" Wie eine Vogelmutter scheint für viele Menschen die optimale Krippenerzieherin die ersten Flugversuche ihrer Schützlinge immer von oben im Blick zu haben. Sprechen Eltern mit ihren Kindern über deren Erzieherin, verwenden sie oft die Bezeichnung „Die passt auf euch auf!" Und zu den schlimmsten Fehlern einer Pädagogin gehört landläufig, die Aufsichtspflicht verletzt zu haben. So wichtig ein guter Überblick, ein Schutz vor Gefahren ist: Gibt es nichts Wichtigeres als den Blick „auf" und „über" die Kinder?

Übersicht zu haben bedingt, über den Kindern zu stehen. Von oben mag man ihre Handlungen erkennen, aber man sieht das Gesicht nicht richtig. Man sieht in der Aufsicht, was Kinder tun, aber man kommuniziert nicht darüber, man gestaltet nicht mit.

Wenn wir zuletzt fordern, dass gute Erzieherinnen die Perspektive der Kinder teilen sollen, dann meint das eine ganze Menge:

> Gute Pädagoginnen sind auf Augenhöhe mit ihren Kindern, weil sie wissen wollen, warum sie gerade was tun. Gute Pädagoginnen sind auf Augenhöhe mit den Kindern, damit sie mit Augen, Ohr und Mund in Kommunikation treten können. Sie wollen den Blick der Kinder teilen, um zu verstehen, wo ihr Interesse liegt, was sie gerade bewegt.

Die Perspektive teilen bedeutet, die Welt mit den Augen des Kindes zu sehen.

Leben und **Lernen** mit Kindern unter 3

Kleine Sensationen statt Verkleinerung: Bildungsarbeit für Kinder unter drei

Die Welt bleibt groß, wie klein man auch ist. Diese große Welt für die Kinder zu verkleinern, ihnen in verniedlichter Form, quasi in Häppchen, die Realität darzureichen, ist ein wenig hilfreiches Bedürfnis der Erwachsenen. Natürlich erscheint die „große Welt" manchmal laut und erschreckend, unübersichtlich, ja unbezwingbar, aber sie ist die reale Lebenswelt der Kinder.

In geheimnisvoller Größe regt sie die Kinder zu Erkundungen an, und diese Erkundungen führen zu Entdeckungen, zu Entwicklung und Fortkommen. Das Gleiche gilt natürlich für Krippen und ihre Kinder.

In guten Krippen wird Großartiges geleistet. Dennoch steht die breite Öffentlichkeit der Krippen-Pädagogik und vor allem den Krippenerzieherinnen nach wie vor sehr kritisch gegenüber. Mit Erfolg, muss man leider derzeit konstatieren, denn vielerorts werden Abstriche am großen Vorhaben der Krippenvollversorgung gemacht.

Eine „kleine" Betreuung für kleine Menschen und einen großen Kompromiss stellen die vielen Tagesmütter und tagesmütterähnlichen Betreuungseinrichtungen, die sich vor allem im Westen der Bundesrepublik immer mehr etablieren, dar.

Für kleine Kinder genügt scheinbar ein klein wenig Ausbildung und eine kleine Wohnung für ein „gut aufgehoben sein". Dass dies so nicht geht, will unser Buch zeigen: Kleine Kinder benötigen großartige Pädagoginnen mit einem umfassenden Fachwissen und vielen hervorragend entwickelten Kompetenzen. Wenn Krippen, dann richtig, dann auch mit dem Anspruch auf eine Qualität, die den europäischen Vergleich nicht scheuen muss.

Bildungsarbeit in einer Kinderkrippe beschränkt sich nicht auf ein „Eididei" und ein „Lalelu". In den Kinderkrippen gibt es jeden Tag kleine Sensationen zu erleben, wenn Einjährige ihre Umwelt erkunden.

Schade nur, dass die auf Oberflächlichkeiten fokussierte gesellschaftliche Diskussion pädagogische Qualität mit spektakulären Bildungsangeboten gleichsetzt. Sie bejubelt Fünfjährige, die in Forscherhäusern wissenschaftliche Experimente nachempfinden, von denen Einjährige Lichtjahre entfernt sind.

Frühkindliche Bildung und Betreuung wird im Bewusstsein der Bevölkerung oft auf solche Angebote reduziert. Die Medien lieben aufwändige, bewegende Projekte: Kinder begegnen Wissenschaftlern, Bundeskanzlern, sprechen in fremden Sprachen, erleben die Kultur der Sumerer ... Alles toll und hin und wieder für jedes Kind ein Erlebnis. Aber was schon das Bild vom Alltagsleben in einem Kindergarten verfälscht, wäre in der Krippe fatal und damit unzulässig: Krippenkinder benötigen statt Aktionismus-Projekten kleine Entdeckungen.

Der Krippenpädagogik ist mit einer Verkleinerung von Kindergartenbildungsangeboten nicht gedient.

Es geht um Bildungserfahrungen, die von unserer Erwachsenenwelt weit entfernt sind, aber der Welt der Kleinkinder entsprechen. Erwachsene können hier Sensationen erwarten, wenn sie es schaffen, unter den Tisch zu krabbeln und die Entdeckungsreisen eines Menschen zu teilen, der so klein ist, wie man es selbst war, in einer Zeit, an die man sich nicht mehr erinnern kann. Deshalb ist es wichtig, dass die Krippenpädagogik aus ihrem Schattendasein heraustritt und mit den großen Sensationen im Erleben der kleinsten Menschen die Öffentlichkeit begeistert. Jeder Krippenalltag verzeichnet bemerkenswerte Inhalte, ob als naturwissenschaftliche Grunderfahrung, erste künstlerische Betätigungen oder kulturell noch wenig überformte Klänge.

All das ist Krippe.

Kapitel 2

Ständig in Entwicklung:
Räume für Krippenkinder

2 | Ständig in Entwicklung:

Im folgenden Kapitel stellen wir **Räume** für eine gute Krippe vor. Es sind eine ganze Reihe von Räumen, viele könnten aber ebenso gut **separierte Raumbereiche** in einem Krippen-Haus sein, das nicht so viele unterschiedliche Räume bietet. Entscheidend ist ohnehin, wie die Ausstattung der einzelnen **Funktionsbereiche** ist und wie die einzelnen Funktionsbereiche innerhalb der Räume in Beziehung zueinander stehen.

Wer ist der Innenarchitekt des Raumes? Wer bestimmt, welches Material vorhanden ist, wo es steht, was daneben steht? Wer sorgt dafür, dass uninteressant gewordene Materialien wieder verschwinden und durch andere ersetzt werden? **Verantwortlich für die Umsetzung ist die Erzieherin, aber die eigentlichen Gestalter sind die Kinder.** Sie zu beobachten, zeigt uns, welche **Materialien** ihren Bedürfnissen entsprechen. Ihre Bewegungen im Raum zeigen, ob alles an der richtigen Stelle steht, um sich bei den unterschiedlichen Tätigkeiten nicht im Wege zu sein.

Krippenräume gestalten ist ein Experiment: In immer neuen Versuchsaufbauten stellen die Erzieherinnen neue Materialien bereit oder testen bestimmte Raumordnungen aus und untersuchen, wie die Kinder darauf reagieren. Was setzt sich durch? Was führt die Kinder weiter? Welche gut gemeinte Idee erweist sich hingegen als Irrweg, nicht weiterführend, unergiebig? **Ein guter Krippenraum entwickelt sich Schritt für Schritt**, immer im Dialog mit dem Tun der Kinder.

Unser hervorragendes Material: Was machen die Kinder damit? Auf welche Ideen, die weitere hervorragende Materialien benötigen, kommen sie dadurch?
Den eindeutig perfekten Krippenraum, an dessen Gestaltung nicht weitergearbeitet werden muss, wird es nie geben.

Wie die Krippenkinder, die immer in Bewegung zu sein scheinen, müssen auch ihre Räume in ständiger – gewiss behutsamer, allmählicher! – Veränderung sein.

Spielen, schlafen, bewegen: Der Raum der 0- bis 1-Jährigen

Erzieherbord

Bewegungsmobil

Großraum-Bausteine

Spiegel mit Lauflern-Stange

Der Raum der 0- bis 1-Jährigen

Ein Zimmer, fast ohne Möbel! Das könnte der erste Eindruck vom Raum der Kinder unter einem Jahr sein. In Erwachsenen-Sichthöhe ist der Raum ziemlich kahl, spannend wird er eher kurz über der Fußleiste.
Grundprinzip des Raumes für die jüngsten Krippenkinder ist: **Der Raum wird liegend, krabbelnd und robbend erkundet und erlebt, also muss er aus dieser Perspektive anregungsreich sein.** Er muss Anreize bieten, sich an interessante Punkte hinauf- oder hinzubewegen. Er muss veränderbar sein, um immer neue Perspektiven zu bieten. Er muss alle Sinne anregen.

Die Kinder, die in diesem Raum untergebracht sind, entwickeln erste Funktionsspiele. Das bedeutet, dass er in unterschiedlicher Form Material bieten muss, das auf zaghafte und kräftigere Berührungen der Kinder reagiert.

Viele Formen am Fußboden

Krabbelnde und robbende Kinder erleben den Boden unter sich ungleich elementarer als Laufende mit Schuhen. Mit Händen und Füßen, mit Bauch und Po, mit Mund und Augen stehen sie dabei in ganz engem Bodenkontakt. Klar, dass sie deswegen auch möglichst viele unterschiedliche **Formen von Bodenbeschaffenheiten** erfahren sollen: Den glatten, blaugrünen Linoleumboden. Den flauschigen, buckligen roten Teppich. Die harten blauen Teppichnoppen auf der flachen Rampe, das glatte braune Holz des über die Rampe erreichbaren Podests. Das flauschige, haarige, Wärme gebende Schaffell. Viele unterschiedliche Untergründe, die sich anders anfühlen, die jeweils zu besonderen Formen der Bewegung herausfordern.

Ständig in Entwicklung:

Schätze suchen, Schätze bergen

Attraktives Kriech- und Krabbelziel sind vor allem die **Schatzkörbe**, die in einer Raumecke bereitstehen. Sie sind unterschiedlich geformt, um unterschiedliche Ein- und Ausräumerfahrungen zu bieten. Alle Sinne sollen die darin enthaltenen Schätze ansprechen: Rasseln zum Greifen und Klappern, weiche Tierfiguren zum Fühlen, ein hölzernes Stehaufmännchen zum Erleben eines stabilen Gleichgewichts, Bälle in verschiedenen Farben und Formen zum Anstupsen, Rollen, Greifen, vielleicht schon Werfen.
Je nach Interesse und Entwicklungsstand sollte der Inhalt dieser Körbe immer wieder variiert und modifiziert werden.
Runde, leichte Körbe aus Weidenruten mit niedrigem Rand eignen sich besonders, weil sie bereits von ganz kleinen Krabbelkindern gefahrlos umgekippt werden können, um so den Inhalt zu untersuchen.

Hochziehen, drehen, staunen

In Stehhöhe angebracht, fordern **Manipulierscheiben** an der Wand Kinder nicht nur dazu heraus, sie mit der Hand zu bedienen, sondern wollen auch durch Hochziehen und Festhalten mit einer Hand erobert werden.

Taschen mit einem Stück Zuhause

Ein Ich-Buch mit den Fotos ihrer Lieben mögen und brauchen schon die kleinsten Krippenkinder. Ebenso reizt es sie, die Wand zu erobern, an der diese kleinen Fotoalben in Stofftaschen untergebracht sind. Gerne stecken sie auch andere kleine Gegenstände in diese Taschen.

Schatzkörbchen

Schieben, rollen, wippen

Unterwegs in ihrer **Krabbellandschaft** möchten die Kleinen an interessanten Orten vorbeikommen: Die großen Soft-Bausteine, wieder in unverwechselbaren unterschiedlichen Formen und Farben, strukturieren und beleben wie auch Schaumstoffrollen und Wipp-Banane zunächst den Raum. Jedes dieser Gebilde bietet dem es untersuchenden Krabbelkind andere Formen der Benutzung und Untersuchung: Der **Quader** lässt sich verschieben, ermöglicht ein Hochziehen an der Seite. Auf die **Pyramide** kann man sich hinaufwälzen. Die **großen Rollen** lassen sich zusätzlich in Bewegung versetzen, indem sie an der runden Seite angestoßen werden und sich dadurch entfernen.
Die **Wippbanane** schließlich beginnt schon beim Antippen, sich schaukelnd zu bewegen; geschickte Kinder können sich auf sie wälzen und das Schaukeln miterleben.
Auch die **Schlafmatratzen** dienen außerhalb der Schlafenszeit als Bewegungsmaterial: Sie lassen sich beispielsweise als flache Treppe übereinandergelegt krabbelnd und robbend erklimmen.

Selbst gemacht, aber klug durchdacht: eine Steckbüchse auf dem Aktionstablett

Entdecken und verstecken

Bausteine und Wippe überragen die krabbelnden Kinder, bieten also auch Möglichkeiten, sich dahinter mit ihren Blicken zu verstecken: „Kuckuck!" Gleiches in intensiverer Form ist mit dem **Papphaus** – oder einem Holzhaus ähnlicher Bauweise – möglich: Hier können Kinder kriechend völlig drin verschwinden, um dabei einen eigenen, sie eng umfassenden Raum zu erleben.
Einen solchen Raum – nicht betretbar, aber sichtbar – bietet der **Spiegel**, der leicht erhöht an der Wand angebracht ist. Haben sich Kinder zu diesem hochinteressanten Gegenstand heraufgezogen, können sie das Panorama eines weiten Raumes erleben, ohne wohl zu verstehen, dass das sie anblickende Kind ein Abbild ihrer selbst ist.
Ein breites Querformat empfiehlt sich für diesen Spiegel, damit Kinder auch zu mehreren hineinsehen können, damit sie einen weiten Raumeindruck gewinnen.

*Stabil genug für alle Formen der Benutzung:
Das Spielzeug der Jüngsten muss viel aushalten können.*

Ständig in Entwicklung:

Schieben, stapeln, bauen

Eine erste **Bauecke** mögen und brauchen schon Kinder unter einem Jahr: Schiebewagen und Holzautos zum Transportieren gehören hierhin, ebenso ungenormte Holzbausteine für Stapelversuche, das Bauen und Umkippen von Türmen.

Bewegung zum Beobachten

Im Bett wegdämmernd, aber auch im Raum liegend, blicken Kinder im ersten Lebensjahr immer wieder hinauf zur **Decke**. Würden sie sich für Gemälde interessieren, dann wäre hier der geeignete Platz, nicht an der Wand. **Mobiles** mit interessanten Kontrasten und langsamen Bewegungen eignen sich gerade in den Raumbereichen als Deckenschmuck, in denen es eher ruhig und entspannend zugehen soll.

Borde zum Verbergen von Dingen

Alle Materialien, die für sie erreichbar sind, sollen die Unter-Einjährigen auch benutzen und untersuchen können. Aus diesem Grund sind auch alle Kleinmaterialien im Raum größer als drei Zentimeter, ungiftig lackiert und somit ziemlich unfallsicher. Bestimmte, nur von der Erzieherin eingesetzte, nicht für die freie Benutzung durch die Kinder geeignete Materialien sollten nicht nur weit außerhalb der Reichweite der Kinder aufbewahrt werden, sondern auch außerhalb ihres Sichtfeldes, um nicht ohnehin vergebliche Anstrengungen unternehmen zu müssen, dahin zu gelangen. Hohe und breite Borde eignen sich dafür, Gegenstände aus dem Sichtfeld und damit dem Interesse der Kinder verschwinden zu lassen.

Spielraum mit unterschiedlichen Aktionsbereichen: der Raum der 1- und 2-Jährigen

Die Spiel- und Aktionsräume der 1- und 2-Jährigen

Klar gegliedert wirkt der Raum, in dem die Kinder die meiste Zeit am Krippentag sind: Wer kreatives Chaos in einer pädagogischen Rumpelkammer oder eine unübersehbare Spielzeugflut mag, wird enttäuscht sein: Im Spielraum sind auf den ersten Blick voneinander abgegrenzte **Funktionsecken** zu erkennen, die den Kindern **vielfältige Anregungen** in unterschiedlichen Entwicklungsbereichen geben.

Diese erkennbare Grundordnung im Raum gibt den Kindern die Sicherheit, dass sie das Spielmaterial jeden Tag am gleichen Ort finden. Das gibt ihnen Orientierung, die gerade die einjährigen Kinder benötigen, um sich schneller zurechtzufinden: Hier in dieser Ecke kann ich wieder diese Tätigkeiten ausprobieren, vielleicht sogar wieder mit den gleichen Kindern, wie sonst, zusammen. Viel mehr als im Raum der Unter-Einjährigen finden sich in den Spiel- und Aktionsräumen der Ein- und Zweijährigen nun Gegenstände, die man gemeinhin als „Spielzeuge" bezeichnet: **Puppen, Bausteine, Fahrzeuge**; also die verkleinerte Nachahmung der Erwachsenenwelt. Auch in Bezug auf diese Spielmaterialausstattung gilt:

Ein Zuviel an Material bringt die Kinder eher durcheinander. Im Spiel- und Aktionsraum der Kleinkinder gibt es also keine unerschöpflichen Schatztruhen voller Spielkram, sondern gerade so viel Material, wie es sich in der Beobachtung als ausreichend erwiesen hat. Unsere Erfahrung ist nämlich: Ein gutes Qualitätsspielzeug ersetzt mindestens eine Handvoll schlechte Spielzeuge.

2 Ständig in Entwicklung:

Es gibt viele schlechte Materialien, die vielleicht nur eine einzige sinnvolle Verwendungsmöglichkeit zulassen, mit denen das Entwicklungsbedürfnis der Kinder nur auf eine einzige Weise angesprochen wird. Plakatives Beispiel wäre elektronisches Kleinkindspielzeug, bei dem Kinder einzig lernen: Hier drücken, damit Musik ertönt.

Andererseits gibt es Spielzeuge, die unzählige Verwendungsweisen zulassen, die für Kleinkinder interessant sind.

Paradoxerweise mag man gerade da statt vom Spielzeug lieber vom didaktischen Material sprechen, so viel erfahren und lernen Kinder beim spielerischen Umgang. Ein gutes Beispiel ist der große Holzregenbogen, den die einjährigen Kinder erproben dürfen: Man kann ihn ordnen, man kann durchkrabbeln, hinaufkriechen, runterrutschen, drin schaukeln, ihn als Höhle verwenden, den Raum damit abgrenzen, zur Geräuscherzeugung darauf klopfen … Ein gutes Spielzeug ist mehrere Spielzeuge gleichzeitig und nacheinander.

Sorgen und umsorgt werden: Die Puppenecke

Puppenecke, Mädchenecke? Nein, dieser Raumbereich wendet sich weder stärker an ein bestimmtes Geschlecht, noch ist die hinter dieser Ecke verborgene Intention, vermeintlich weibliche Fähigkeiten spielerisch auszuüben. Stattdessen ist die Puppenecke ein **Rollenspielbereich**, in dem die Rolle nachgespielt und nacherlebt werden kann, die Krippenkinder als erste intensiv erleben: Personen, die sich um Kleinkinder kümmern. Wie fühlt es sich an, sich um Kinder zu sorgen, wie sie selbst umsorgt werden? Ein Wickeltisch mit Wickel-Accessoires, ein Spültisch, ein Herd, ein Wäscheständer, mehrere Puppenbetten, natürlich ausreichend Puppen mit Bekleidung dienen dazu, den Alltag eines Krippenkindes aus beiden Perspektiven nachzuerleben und gemeinsam mit anderen zu spielen. Wichtig scheint, schon jetzt auf ein ausgewogenes Angebot an männlichen

Puppenecke

und weiblichen Puppen und entsprechender, alltagsnaher Bekleidung zu achten: Männliche wie weibliche Krippenkinder haben fast nie helle Kleidchen an, Baby- und Kleinkindpuppen fast immer.

Wie eine kleine Wohnküche soll die durch Trennwände optisch vom Rest des Raumes separierte Puppenecke aussehen. Ein Tisch mit zwei Stühlen kann sowohl Spielenden als auch Puppen eine Sitzgelegenheit bieten. Natürlich sollen alle Materialien und Möbel mit Ausnahme von Herd und Wickeltisch leicht zu transportieren sein, um zwei Bedürfnissen der Kleinkinder gerecht zu werden: Sie wollen Dinge transportieren, und sie wollen Räume verändern und damit neu erleben.

Entstehen lassen, wieder vergehen lassen: Die Bauecke

Angenehm zum Darauf-Sitzen, aber nicht zu weich, um darauf gut **Bausteine** stapeln zu können: Die Bauecke besteht eigentlich hauptsächlich auf einer großen **(Teppich)-Bodenfläche**, die relativ ungestört genutzt werden kann, um darauf zu bauen oder Dinge zu transportieren. Am Rand der Bauecke soll sich das Baumaterial befinden, am besten nebenan der Holzfahrzeug-Abstellplatz: Von hier aus wird wohl täglich der Bodenraum erobert. Schon deswegen ist es sinnvoll, Bauecken immer in Raumecken anzulegen: Mitten im Raum soll Platz sein für bewegungsintensivere Aktivitäten.

Verschiedene Baumaterialien werden in Weidenkörben bereitgehalten, die es ermöglichen, das Material einzeln zu entnehmen oder bei Bedarf komplett auszukippen. Es ist sinnvoll, unterschiedliche Formen von Bausteinen für unterschiedliche Bauvorhaben, unterschiedliche Entwicklungsstände und unterschiedliche motorische Vorlieben bei den Kindern anzubieten: Genormte Bausteine für exakt gemauerte Bauten, ungenormte für kühnere, aber einsturzgefährdete Konstruktionen, große Softbausteine für Raum füllende Stapelbauwerke.

Dinge transportieren, Räder rotieren lassen: Der Fahrzeugplatz

Spielfahrzeuge faszinieren Krippenkinder nicht nur, weil es sie in der echten Welt auch gibt: Erstens ermöglichen sie hervorragend das elementare Experiment von Kleinkindern, sich selbst oder Dinge von einem Ort wegzunehmen und zu einem anderen zu bringen. Zweitens kann man an ihren Rädern beobachten und erfühlen, was die Kleinen immer fasziniert: Rotation, die Bewegung um sich selbst herum.

Jedes Ding transportiert sich anders, und deswegen gilt auch hier: **Unterschiedliche Formen von Fahrzeugen anbieten!** Ein Holzpuppenwagen kann bei Bedarf mit Bettzeug ausgestattet werden, ein Schiebewagen lässt sich gut mit Steinen beladen, beide lassen sich am Griff gut schieben, um sich eins zu fühlen mit dem Transportgut. Der Holzlaster ohne Schiebegriff sieht echter aus, spricht aber eher ältere Kinder an, die das Transportieren schon aus einer gewissen Distanz erleben möchten, indem sie einer selbst aufgebauten kleinen Welt zusehen und ihre Abläufe lenken. Tiere zum Hinterherziehen können das Angebot des Fahrzeugplatzes ergänzen.

Auf eine Sache konzentriert: Die Mal- und Manipulierbank

Sitzend oder stehend statt kauernd, zur Wand gerichtet statt zum Geschehen, feinmotorisch konzentriert statt mit dem ganzen Körper dabei: Die Mal- und Manipulierbank ist ein Bereich für hochkonzentrierte Betätigung von ein- oder zweijährigen Kindern. Ein langes Holzbrett dient als Arbeitsplatte für konzentrierte Beschäftigung mit den Aktionstabletts, die in diesem Buch ab Seite 80 näher vorgestellt werden.

Das konzentrierte Tun braucht einen gewissen Grad an Ungestörtheit und Ruhe: Etwas abseits vom Geschehen, gut abgegrenzt durch Regale oder Trennwände sollte gerade dieser

2 | Ständig in Entwicklung:

Manipulierecke

Raumbereich sein. Vor allem hinter dem zur Wand, zur Bank gerichteten Kopf der Kinder sollte sich nach Möglichkeit nicht allzu viel Ablenkendes abspielen.

Als Mal- und Zeichenbereich braucht diese Raumecke natürlich eine Magnetleiste, um entstandene Werke aufzuhängen. Die Kinder erfahren damit eine Wertschätzung ihrer Arbeit.

Krauchen, springen, rutschen: Das Bewegungsmobil

Viel Platz zum Bewegen ist in der Mitte des Raumes. Das Bewegungsmobil bietet den Kleinkindern Platz und viele Herausforderungen, um die hinzu erworbenen motorischen Fähigkeit anzuwenden.

Folgende Bauteile bieten sich für eine solche Bewegungsanlage an:
Rampen, um die Schwierigkeiten des Laufens und Stehens auf einer schiefen Ebene zu erleben – oder, um sich davon rutschend hinabgleiten zu lassen.
Tunnelstücke, um zu üben, wie man sich ganz klein machen muss, um sich durch enge Öffnungen hindurchzuzwängen.
Über dem Tunnel: Ein **erhöhtes Podest**. Von diesem kann man nicht nur hinabspringen, sondern man kann auch auf diesem Aussichtspunkt verharren.
Sich dabei beobachten zu können, während man etwas Neues vorführt: Diese schon für Einjährige manchmal hochinteressante Sache ermöglicht ein großer **Spiegel** in Blicknähe zum Bewegungsmobil. Eine Querstange, angebracht wie bei einem Ballettspiegel, schützt den Spiegel, dient aber vor allem dazu, sich beim Betrachten von Nahem festhalten und hochziehen zu können.
Das Wort „Bewegungsmobil" enthält den Wortteil „mobil", also „beweglich": Wie sich die motorischen Fähigkeiten der Kinder fortentwickeln, so muss sich auch das Bewegungsmobil fortentwickeln. Für ein Kind, das gerade laufen gelernt hat, ist die flache Rampe mit rutschsicherer Oberfläche gerade richtig, für den fast Dreijährigen schlichtweg langweilig.

Rückzug, Versteck, Geheimtreff: Eine Höhle

Ob fertig erworben oder aus Holzkiste und Pappkarton selbst hergestellt: Krippenkinder nutzen Höhlen zu verschiedensten Zwecken und auf verschiedenste Weise: Zum Hinein- und Hindurch-Kriechen, um sich darin zu verstecken, um sich dorthin mit anderen Kindern zurückzuziehen. Gute Höhlen haben einen Innenraum, in denen das Kind richtig sitzen kann, besser zwei Türen als nur eine, vielleicht irgendwo kleine Fensterchen, wo man überraschend hinausschauen kann. Bunte Tücher als Vorhang an den Türen verstärken die abgeschiedene Atmosphäre im Höhlenraum.

Ausruhen, schmusen, lesen: Die Kuschelecke

Eine Matratze oder ein flaches Sofa, mit vielen farblich harmonierenden Kissen und vielen verschiedenen Kuscheltieren ausgestattet, in einer gemütlichen Nische des Raumes: Die Kuschelecke soll ein Ort sein, um sich dorthin ab und zu aus dem Geschehen zu entfernen, um Nähe zu anderen Kinder wie auch zur Erzieherin erleben zu können. Für rückzugswillige Kinder mit Abschaltbedürfnis können zwei Spieluhr-Kissen bereitliegen.

Neben der Kuschelecke, in einem Regal, steht eine kleine Auswahl an Bilderbüchern: Vielleicht vier Exemplare, die ab und zu ausgetauscht werden. Schnell kann man sich ein Buch nehmen, um es in der Kuschelecke alleine oder mit einem anderen Kind durchzublättern oder sich von der Erzieherin vorlesen zu lassen.
Praktisch ist ein Bücherregal, welches die Bücher mit ihren Titelseiten präsentieren kann. Auch die Stofftaschen für die Ich-Bücher – siehe auch Seite 72 – befinden sich in Reichweite der Kuschelecke. Nähe können die Kinder erleben, wenn sie in der Kuschelecke eng beieinandersitzen. Nähe entsteht aber auch, wenn man sich anhand der Bilder des Ich-Buchs mehr und mehr kennenlernt.
Am besten geht natürlich beides zusammen.

Wir sind unter uns: Trennwände

Holzwände, die Aktionsbereiche blickdicht voneinander abschirmen; offene Regale als Abtrennung, die Bewegungen von Raumbereich zu Raumbereich umlenken, aber den Blick durchlassen: Trennwände sind als Gliederungselement im Spielraum unverzichtbar, um auch bei beengten Raumverhältnissen ungestört und doch nahe beieinander spielen zu können. Trennwände ermöglichen es den kleinen Kindern – wie klare Akzentuierungen der einzelnen Raumbereiche durch unterschiedliche Bodenbeläge, Wandgestaltungen – sich räumlich und dabei auch persönlich abgrenzen zu können: „Hier sind wir jetzt". Das ist wichtig, auch um Beziehungen zu besonders nahen anderen Kindern aufbauen und erleben zu können. Nischen zum Spielen statt uferlosem Raum: Das erzeugt nicht zuletzt Geborgenheit.

Durchblicke braucht es daneben auch: Es macht Kindern Freude, von der einen Spielwelt zur anderen hinüberschauen zu können, es erzeugt Sicherheit, einem bedeutsamen Menschen ab und zu mit einem Blick sichten zu können, um sich dann wieder einem intensiven Spiel widmen zu können.

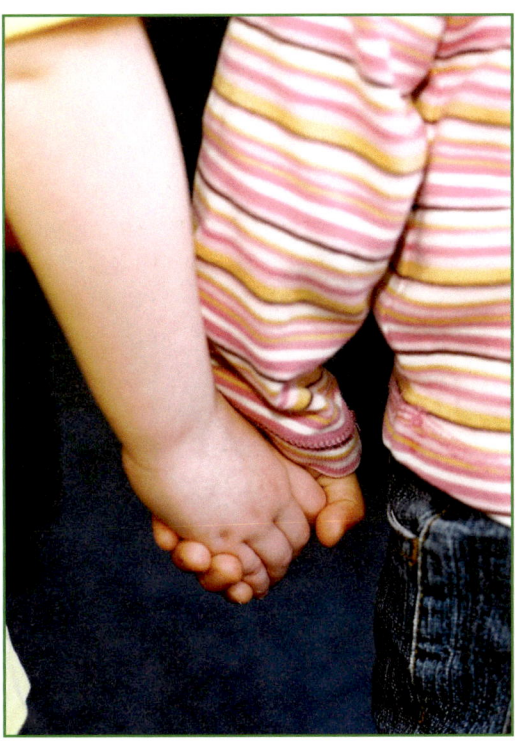

Ständig in Entwicklung:

Der Bewegungs- und Schlafraum

Einen Bewegungs- und Schlafraum haben die beiden älteren Gruppen, also die Ein- und Zweijährigen, jede Gruppe für sich.
Bewegen und schlafen: Zwei konträre Funktionen bietet dieser Raum, die man in der Praxis gut verbinden kann. Die vielen Schlafmatten können außerhalb der Ruhezeiten in verschiedenen Ebenen ausgelegt werden. Kombiniert mit einer großen Auswahl an Softbausteinen, können die Kinder in einer raumweiten Bewegungslandschaft ihre motorischen Fähigkeiten austesten, relativ gefahrlos außerdem noch ihren Mut: Traue ich mich, hier hinunterzurollen oder -zuspringen? Matten und Softbausteine können von den ältesten Krippenkindern genutzt werden, um in der hügeligen Landschaft Häuser, Höhlen und Klüfte zu errichten, in denen man sich verstecken kann und vielleicht auch zulässt, dass andere über einen drüberrollen, während man still und einsam ausharrt.
Als Zusatzmaterialien können wir im Bewegungsraum Tücher, Bälle und Holzreifen gut gebrauchen. Was machen die Kinder im ungelenkten Spiel daraus? Im Zusammenhang mit einer Kletterlandschaft können Bälle verwendet werden, um sie hinaufzuwerfen und hinabrollen zu lassen. Tücher können Höhlen verhüllen, können Kleider simulieren. Ringe und Reifen können umhergerollt werden, genauso gut können sie im Rollenspiel Inseln sein.
Eine große Anzahl Sitzkissen bietet der Raum, um hier einen Sitzkreis machen zu können:

Spielen, schlafen, bewegen: ein Raum mit mehreren Funktionen

Die fast spielzeugfreie Atmosphäre ermöglicht es den Kindern an manchen Tagen weitaus besser als im Spielraum, sich konzentriert auf ein Gespräch, ein neues Lied einzulassen, und der Übergang zum Tanz- oder Bewegungsspiel gelingt besser. Außerhalb der Sitzkreiszeiten werden aus den zehn Sitzkissen im Spiel der Kinder schnell zehn Tiere oder zehn Waggons in der Eisenbahn.

Als Schlafraum soll der Raum den Kindern ausreichend Platz und Ruhe bieten, um sich von den Aktivitäten des Vormittages zu erholen. Um sich auf das Ausruhen einlassen zu können, muss er bis auf ein Dämmerlicht abgedunkelt werden können. Eine Nachttischlampe mit warmem, buntem Licht kann wie eine Diskokugel mit Farbwechsellicht für eine entspannende Atmosphäre sorgen. Auf einem hohen Regal, erreichbar für die Erzieherin, ist Platz für das Schlafkörbchen (siehe Seite 78), genauso wie für persönliche Schnuller, Nuckelflaschen und Kuscheltiere der Kinder, die sie nur zum Einschlafen brauchen. Praktisch sind auch eigens dafür hergestellte Schnullerregale, in denen jedes Kind für seinen Schnuller ein eigenes kleines Fach hat. Für Kuscheltier, Schmusetuch und Kopfkissen kann über dem Schlafplatz auch eine kleine Stofftasche angebracht werden.

Mein persönliches Schlaftier, aber auch mein persönlicher Schlafplatz: Es ist wichtig, dass die Kinder in dem Raum ihren unverwechselbaren, vertrauten Platz zum Einschlafen haben. Also liegen die Matratzen zur Schlafenszeit nicht in Reih und Glied, sondern individuell verteilt und mit größerem oder kleineren Abstand zu dem Rest der Gruppe: Isa braucht schließlich ihre Wand, zu der sie sich drehen kann, John liegt beim Mittagsschlaf gerne direkt neben Jack, Selim braucht den Platz neben der Tür, weil er bestimmt als Erster aufwacht und niemanden stören will.

2 | Ständig in Entwicklung:

Das Atelier

Platz zum Malen und Material erfahren! Eigentlich ist damit schon das Wesentliche Raumprinzip des Krippenateliers beschrieben. Um begeistert, vertieft, vom Aufpass-Gebot unbeirrt mit Farbe und anderen Materialien agieren zu können, brauchen Krippenkinder vor allem Platz. Ausreichend Platz, um nicht statt des Papiers den Boden oder die Wand zu bemalen, ausreichend Platz, um mit dem farbigen Pinsel oder Schwamm nicht den Nachbarn oder das Regal einzufärben. Platz, um nicht nur auf dem engen Tischchen, sondern auf dem weiten Fußboden eine Farblandschaft zu erzeugen, eine Farbreise mit dem Pinsel zu machen.

Platz ist außerdem nötig, damit die Pädagoginnen gemalte Bilder wie bereitgestellte Materialien unterbringen können, ohne ständig aussortieren zu müssen.

Eine große Bodenfläche ist daher das wichtigste Gestaltungselement. Der leicht wegzuschiebende Tisch mag für einzelne Mal- und Formaktivitäten mit den ältesten Kindern nützlich sein; viel öfter jedoch findet das Atelierangebot auf dem Fußboden statt. Wird nicht auf dem Boden gemalt, dann gerne in der Senkrechten: Eine großflächige Malwand ermöglicht es, auf für Krippenkinder besonders gut geeigneten Riesenformaten zu malen. Das große Format, dem Kind gegenüberstehend, erlaubt es, mit dem ganzen Schwung der Arme zu malen, statt nur mit kontrollierten engen Bewegungen Farbe aufs Papier zu bringen. So können Kinder in die von ihnen eben erzeugte Farb-Welt eintauchen wie in einen Kinofilm auf Großbildleinwand. Und es ist faszinierend, an dieser leichten Schräge das Herunterlaufen mancher Farben zu verfolgen.

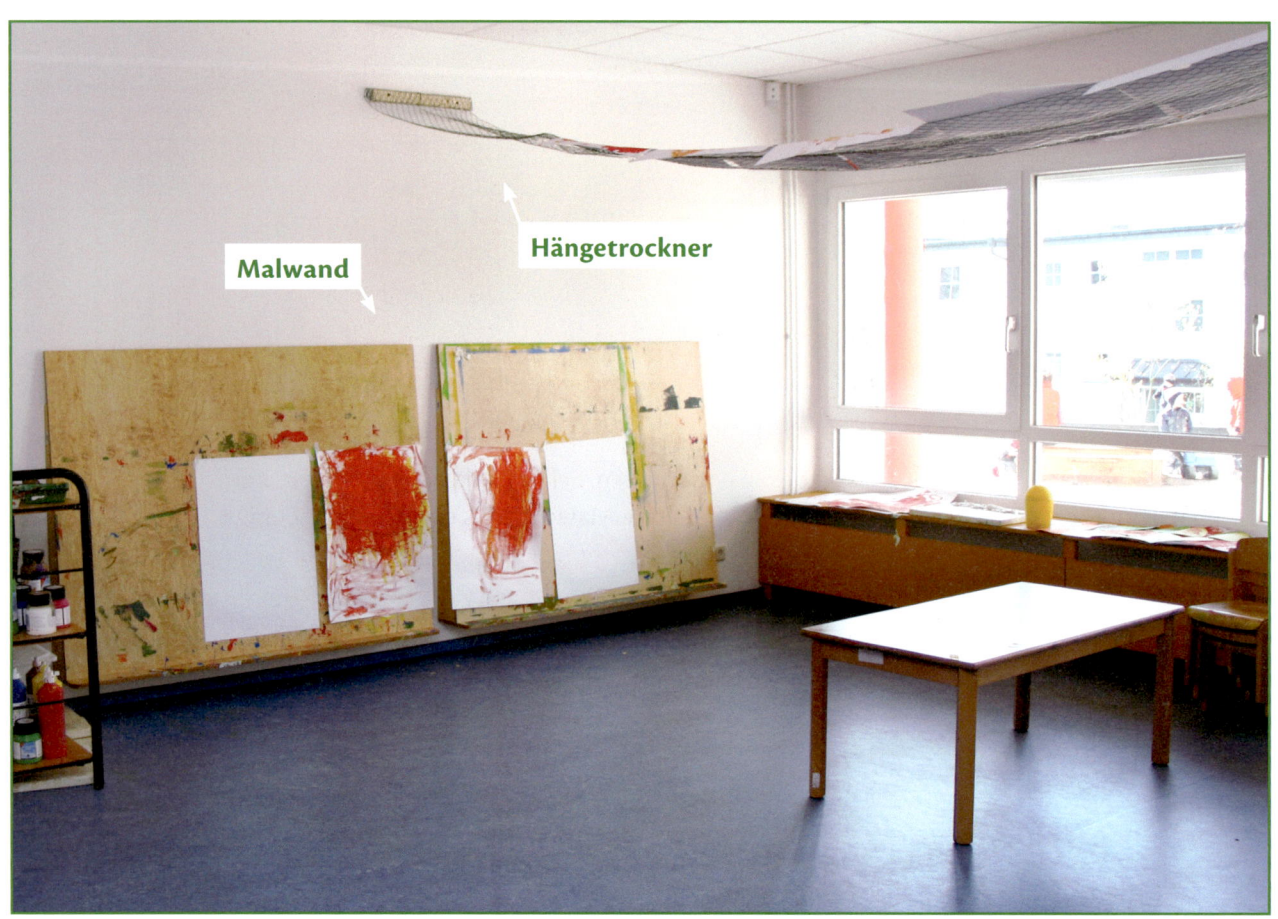

Räume für Krippenkinder | 2

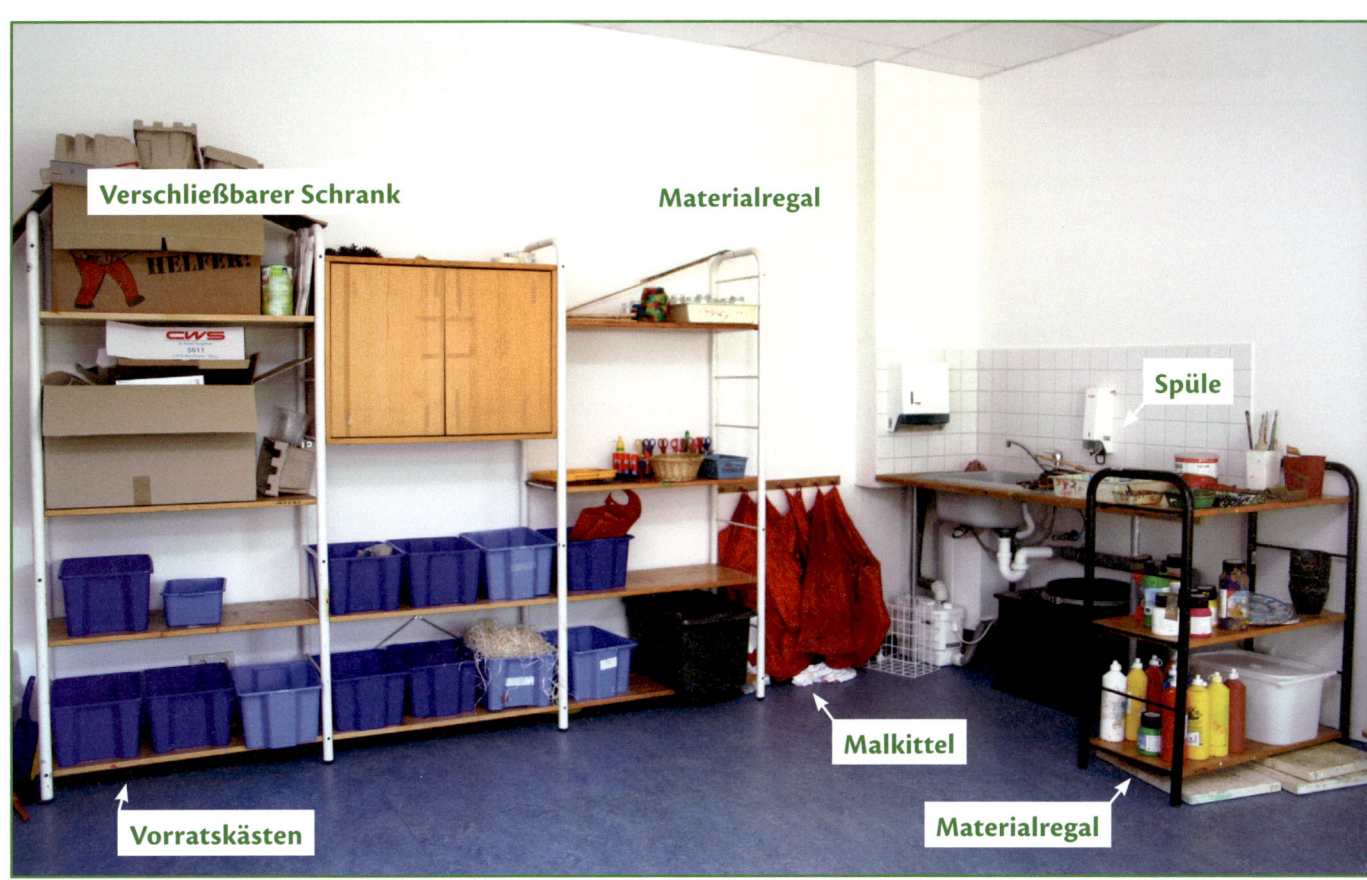

Ein für alle stehenden Kinder gut erreichbares breites Waschbecken wird benötigt, um die benutzen Pinsel selbst abwaschen zu können und dabei lange dem fließenden und durch die Farbe veränderten Wasser zuzuschauen. Materialien, die Kinder jeden Alters frei nutzen können, um sie zu verarbeiten oder einfach nur zu erfühlen, können in niedrigen Kästen an den Wänden des Raumes auf dem Boden bereitstehen. Es bieten sich Naturmaterialien an, außerdem Papier und Pappe in jeder Form, also geknüllt, als Bögen, als Röhren, als kleine Pappkisten und große Kartons zum Hineinsetzen ... Wichtig ist, dass jedes Material in einem eigenen Gefäß angeboten wird, jedes in einem bestimmten Bereich des Raumes bereitsteht. Krippenkinder machen Unordnung, fast den ganzen Tag lang, aber sie brauchen ihre klare Ordnung, um sich zu orientieren.

An Farben, Klebern und Stiften sollen sich die Kinder nicht jederzeit und ungefragt bedienen können. Sie bewahren wir besser auf einem flachen Regal auf. Wenn auch hier jedes Material ein eigenes Gefäß hat – am besten einen abwaschbaren Plastikkasten – gelingt es mit einem Handgriff, die nötigen Materialien für die Kinder bereit- und wieder wegzustellen.

Wohin mit den fertigen Bildern? Als praktikabel erweist sich eine simple Lösung: Aus einer Bahn feinmaschigem Hasendraht, von einer Raumseite zur anderen in für Erwachsene erreichbarer Raumhöhe angebracht, kann ein guter Hängetrockner für eine ganze Menge Bilder werden. „Das haben wir gemalt!" Ausgestellte Bilder geben Krippenkindern Gelegenheit, über erlebte Malaktionen zu berichten. Sehr gut dafür geeignet ist eine weitere Malwand aus einem leicht schräg angebrachten Holzbrett im Flur, wo die Eltern und andere Menschen vorbeikommen. Die Kinder können sich damit erinnern, was sie getan haben, und mit wenigen Worten etwas darüber erzählen.

Praktisch im Atelier sind Tische mit einer kleinen Erhöhung an den Kanten. Diese kleine Erhöhung verhindert das Herunterrutschen von Papier und Schere, stoppt das Herabrollen von Stiften und Pinseln.

2 | Ständig in Entwicklung:

Der Essplatz

Essen in der Essecke, im Gruppenraum oder in einem gesonderten Essenraum? Beides hat seine Vor- und Nachteile. Besonders bei kleinen Krippenkindern ist es günstig, im Gruppenraum zu füttern, damit gleichzeitig die anderen Kinder spielen oder schlafen können. Ältere Kinder verstehen es als Teil des Mittagsrituals, das Spiel und den Spielraum zu verlassen und sich an einen besonderen Esstisch zu setzen. Logistisch ist ein eigener Essraum günstiger, um das Geschirr hier direkt reinigen zu können, um Essen aufzuwärmen; hygienischer ist der Essraum, weil es nicht einfach ist, die Essenskleckereien nur auf eine Sitzecke im Gruppenraum zu beschränken.

Was braucht ein guter Essplatz? In diesem Buch plädieren wir nachdrücklich dafür, Mahlzeiten zur gemeinsamen Sache von Kindern und Erzieherin zu machen: Alle sitzen am Tisch, alle essen, alle nehmen einander dabei wahr. Aus diesem Grund ist es wichtig, über geeignete Tischhöhen nachzudenken: Zwischen winzigen Stühlchen am niedrigen Tisch kann die Pädagogin eigentlich nur so tun, als äße sie mit. Stühle mit verstellbarer, hoher Sitzfläche, wie etwa die bekannten Tripp Trapp®-Stühle, ermöglichen, dass Kinder und Erwachsene auf gleicher Höhe sitzen. Das Hinaufklettern auf den eigenen Stuhl mögen Kinder in der Regel sehr gerne, denn Klettermöglichkeiten sind in der Krippe rar. Hilfe brauchen die Kinder lediglich beim Heranschieben des Stuhls an den Tisch. Für Kinder, die noch nicht richtig sitzen können, gibt es geeignete Einsätze für die Stühle. Statt Babys in Babywippern auf dem Tisch zu befüttern, empfehlen wir das intimere und von der Körperhaltung geeignetere Füttern auf dem Schoß.

Wie werden Besteck und Geschirr aufbewahrt? Ältere Krippenkinder helfen gerne bei hauswirtschaftlichen Tätigkeiten wie dem Tischdecken mit. Es ist also gut, wenn sie nicht nur an Geschirr und Besteck selbstständig herangelangen, sondern auch schnell erkennen, wo was zu finden ist. Wenn offene Regale als Lagermöglichkeit aus hygienischen Gründen nicht erlaubt sind, empfiehlt sich das Ankleben eines Fotos des Schrankfachinhalts als Orientierung.

Wo kommt das benutzte Geschirr hin? Auch hier machen ältere Kinder gerne mit, und gerade dieser Schritt spart den Pädagoginnen Arbeit. Ein niedriger Rollwagen sollte also in der Nähe des Tisches für das benutzte Geschirr bereitstehen.

Werden schon die kleinen Babys im Raum gefüttert oder machen erste Essversuche? Dann ist es besonders sinnvoll, eine kleine Spiel- und Wahrnehmungsecke am Rand des Essraumes einzurichten. Hier können ganz kleine wie größere Kinder unvermeidbare Wartezeiten verbringen, während ihre Altersgenossen gerade gefüttert werden. Je interessanter diese kleine Warte-Nische gestaltet ist, je besser sie zudem im Blickfeld der Erzieherin am Tisch liegt, umso mehr Zeit gewinnt diese für jedes einzelne zu fütternde Kind. „Möchten Sie noch einen Kaffee?" Eine freundlich gestaltete Cafeteria mit auch für Erwachsene geeigneten Stühlen ist nicht zuletzt auch ein geeigneter Treffpunkt von und mit den Eltern.

Räume für Krippenkinder | 2

Das Badezimmer

Nur ein uninteressanter Bereich? Nein, auch das Badezimmer in der Krippe verdient es, unter pädagogischen Gesichtspunkten betrachtet zu werden.

Was passiert in dem Raum? Zunächst ist es der Raum, in dem gewickelt werden sollte. Damit dieser intime Vorgang als angenehm von den Kindern erlebt werden kann, kann der Wickeltisch nicht in irgendeiner dunklen Ecke stehen. Gut ist, wenn man darauf liegend über und um sich interessante Dinge zum Entdecken findet: Ein Mobile über dem Kopf? Das Fenster mit Aussicht direkt dahinter? Andererseits soll bedacht werden, dass Gewickelt-Werden eine Sache ist, bei der ältere Kinder gerne unter sich sind: Trennwände um den Tisch können helfen, um um den Wickelplatz herum eine Diskretionszone zu bilden. Sinnvoll ist es, am Tisch eine Leiter anzubringen, um den Kindern eine weitere Klettermöglichkeit zu verschaffen – und um wenigstens beim Hinaufgelangen auf den Tisch selbst aktiv sein zu können. Diese praktische Anschaffung schont auch den Rücken der Erzieherinnen und der Eltern.

Das Bad ist Anziehungspunkt für Kinder, weil dort Wasser fließt: Immer von oben nach unten, das Licht brechend, bei Berührung in einem sich verändernden Strahl. Natürlich reizt es Krippenkinder, mit diesem Material Experimente zu machen: Umschütten, trinken, auskippen, in Schwämmen aufsaugen, auspressen… Dieses elementare Experimentieren darf, so finden wir, keine Ausnahme sein, sondern soll durch durchdachte Materialangebote unterstützt werden. Günstig sind lange Waschbecken mit vielen Hähnen, wie sie früher in Kindereinrichtungen üblicher waren als heute. Eine Ablage hinter dem Becken ist sehr nützlich. Neben den Becken sollten diverse Wasserspielmaterialien bereitgehalten werden, also kleine Becher, Trichter, Schwämme, Spülbürsten. Wasserdichte Schürzen helfen, Ärger über völlig durchnässte Bekleidung zu vermeiden.

Das Bad ist nicht zuletzt ein Raum des Wartens. Beim Händewaschen oder beim Wickeln einzelner Kinder gibt es immer wieder Wartezeiten, und deswegen ist es günstig, auch in diesem Raum Material zur Selbstbetätigung anzubieten: Manipulierscheiben an einer trockenen Wand oder ein Materialbad (siehe S. 42) sollte der Raum bieten, um Drängeleien und Missmut zu vermeiden.

Das Material-Fühl-Bad

„Da könnte ich mich reinlegen!" Wenn Erwachsene etwas besonders lecker und angenehm finden, gebrauchen sie diese Redewendung, die aussagt, dass sie angenehme Genüsse mit dem ganzen Körper erfahren wollen. Wie zutreffend ist diese Formulierung, möchte man die auf Ganzheitlichkeit angelegte Wahrnehmungsweise des Kleinkindes beschreiben!

Ein sehr altersangemessenes Angebot ist es in diesem Sinne, wenn kleinen Kindern interessant anzufühlende, vielfältig berühr- und verwendbare Materialien gleich wannenweise angeboten werden.
Plastikwannen, groß genug, um sich darin zu zweit gegenüber hineinzusetzen, sind das geeignete Material für ein Material-Fühl-Bad.

Jedes Wannen-Material lässt andere Fühl-Erfahrungen und Verwendungsmöglichkeiten zu. Auch der Umgang mit dem Material wird immer ein anderer sein: Werden sich die Kinder gleich beherzt hineinsetzen, oder bleibt es beim Hineinfassen vom äußeren Rand? Kann man das Material herausnehmen und in irgendeiner Form anderswo anbringen, auftragen, auslegen, weiterverwenden?

Wenn jedes Material andere Erfahrungen und Verwendungsweisen bewirkt, sollten sich Erzieherinnen immer fragen:
Auf welche Erfahrungen will ich hinaus?
Welches Material sollte ich dafür anbieten?

Was sich in einem Materialbad alles befinden kann:

- Verschiedene große Blätter
- Weiche Tonmatsche aus gebrauchtem Ton und Wasser
- Feiner Sand – besonders sinnvoll in der spielplatzbesuchärmeren Winterzeit
- Papierschnipsel, Reißwolfschnitzel
- Schwämme aller Art: Naturschwämme, Küchenschwämme, Tafelschwämme in allen denkbaren Farben
- Wollknäuel

Im Garten

Platz zum Toben macht alleine noch keinen guten Garten für Krippenkinder aus. Auch ein Maximum an Spielgeräten ist kein Anzeichen für einen gut durchdachten Spielgarten. Der Garten einer Krippe sollte vielmehr ebenso wie der Innenraum vielfältige Möglichkeiten für Wahrnehmungs- und Bewegungserfahrungen aller Art bieten. Folgende Aspekte sollte ein guter Krippengarten berücksichtigen:

Krippenkinder wollen Natur erleben. Käfer, Ameisen, Insekten sowie große und kleine Pflanzen ganz aus der Nähe zu betrachten, kann faszinieren. Es ist sinnvoll, einen gut abgegrenzten Bereich für einen solchen Naturgarten zu schaffen, damit verstanden wird: Hier gilt es zu beobachten, nicht zu toben.

Freies Bewegen in alle Richtungen brauchen Krippenkinder. Eine kurz gemähte Wiese, möglichst mit kleinen Gefällen, ermöglicht das Herumrollen, Umherlaufen, vielleicht Hinabspringen von einer kleinen Erhöhung. Um Fahrzeuge zu schieben und sitzend zu befahren, benötigen Kinder eine glatte, feste Bahn. Gut ist, wenn es statt eines schnell umfahrenen Platzes eine lange Strecke gibt, die mit Rollwagen oder Dreirad befahren werden kann: Einmal rundherum ums Haus? Sich verstecken, durchkriechen, wieder annähern: Neben übersichtlichen Flächen braucht der Krippengarten auch Bereiche, in denen Hecken und Büsche die Sicht unterbrechen, in denen es kurze Gänge durch das Dickicht gibt.

Fast wie die Affen könnten Menschen klettern lernen, wenn sie nur von Anfang an die Möglichkeit und den Anreiz dazu hätten. Um das Hinaufziehen, das Balancehalten und das Hinuntergelangen gut trainieren zu können, empfiehlt sich die Einrichtung einer ganz einfachen Kletterecke. Hingelegte Baumstämme, gespannte Taue zwischen Bäumen, ein fester Haufen aus Findlingen, rundherum weicher Sandboden: Es braucht nicht viel und teueres Material, um einen solchen Bereich zu gestalten. Natürlich muss hierbei der Sicherheitsaspekt gründlich durchdacht werden. Lassen Sie sich von der Unfallkasse beraten.

Materialien umfüllen, transportieren, daraus etwas entstehen lassen: Einer der wichtigsten Bereiche im Krippen-Garten könnte Kinderbaustelle heißen. Hier sollten in großen Kästen oder Wannen gesammelte Naturmaterialien, also etwa Korken, Steine, Sand, Hölzer und Ähnliches bereitgehalten werden, um mithilfe von Schaufeln, Trichtern und Gefäßen Umfüllerfahrungen zu machen, aber auch daraus etwas legen oder bauen zu können. Gleich daneben im Sandkasten ist Freiraum für Als-Ob-Spiele mit diesen Naturmaterialien.

Ein Wasserlauf mit Pumpe krönt einen hervorragenden Krippen-Garten. Mit bereitgestellten Eimern, Wannen und Gießkannen, vielleicht auch Schläuchen, können die Kinder in der warmen Jahreszeit das faszinierende Element Wasser stundenlang untersuchen. Günstig ist, wenn die Pumpe nur von Erwachsenen bedient werden kann, um das Spiel zu regulieren.

Der Mittagsschlaf im Freien war früher in deutschen Kindereinrichtungen Usus, mittlerweile scheint diese schöne Sitte in Vergessenheit geraten zu sein. Zu kühl? Eigentlich unberechtigt, denn immer noch gilt eine niedrige Lufttemperatur von etwa 16 Grad als Optimum für die Atemwege des Schlafenden. Warum also nicht einen sonnengeschützten und ruhigen Platz einrichten, auf dem mindestens die Babys im Kinderwagen schlafen können?

Inspirationsbilder

In allen Raumbereichen der Krippe können Inspirationsfotos ausgehängt werden, um damit Kinder auf Ideen für Betätigungen zu bringen, um zum kreativen Umgang mit den Materialien zu animieren, indem ihnen ein gutes Verwendungsbeispiel, ein Vorbild gezeigt wird.

Das auf dem Bild gezeigte Vorbild soll immer von den Kindern stammen: Auf dem Bild wird gezeigt, was sie mit dem Material, in dem Raumbereich bereits Tolles angestellt haben. Ein Inspirationsfoto ähnelt in seiner Funktion

- einer Gebrauchsanleitung: Diese Materialien sind dafür da, dass man …
- einem kreativen Impuls: Mit diesem Material kann man auch mal etwas ganz Ungewöhnliches machen, nämlich …
- einer Kita-Zeitung: Hier ist vor kurzem etwas Sehenswertes entstanden! Wer erinnert sich noch?
- einer Würdigung: An diesen Turm wollen wir uns noch eine Weile erinnern!
- einem Gesprächsimpuls für die Kinder: Wie wurde das gebaut/gemacht? Warum haben die Kinder das getan, und was war ihr Ziel dabei?

Kapitel 3

Ein Tag in der Krippe:
Die Babys

© Vladimir Mucibabic – Fotolia.com

3 | Ein Tag in der Krippe:

Ein Alien orientiert sich – Menschen im ersten Lebensjahr

Wie ein Wesen aus einer anderen Welt kommt Afra ihren Eltern manchmal vor, wenn sie auf dem Rücken liegt, dann mit einem irgendwie verliebt wirkenden Blick lange zur Decke blickt und mit den Fingern geheimnisvolle Zeichen zu machen scheint. Was macht Afras augenscheinlich zufriedenvertieftes Lebensgefühl in dieser Situation aus? Wir können davon ausgehen, dass sie intensiv Wahrnehmungen bearbeitet: Eindrücke mit allen Sinnen, noch kaum sortierbar danach, welcher Reiz sie verursacht hat. Wenn sie nun ruhig daliegt, dürfen wir vermuten, dass sie in ihrem Entspannungszustand ihre vielen Eindrücke Revue passieren lässt, vielleicht vergleichbar mit dem uns vertrauten Gefühl, einem intensiven Erlebnis in einer Entspannungsphase noch ein wenig nachzuschmecken.

Was für Eindrücke waren es, die Afra gerade sortiert? Dem Entspannungszustand zufolge eher wohl nicht die zahlreichen unangenehmen Reize, denen sie immer wieder ausgesetzt ist: Der zu kalte oder zu warme Waschlappen? Genauso gut kann es der eigentlich optimal temperierte Waschlappen sein, dessen Berührung Afra eine gehörigen Schreck versetzt hat: Vom Körpergefühl der warmen, feuchten Windel am Po musste sie gerade erst umschalten auf Luft an der Haut, und schon kommt ein plötzlich gänzlich anderes Berührungsgefühl dazu: Nässe. Wie kann man da ruhig bleiben?

Afra hilft es vor allem bei dieser Aufgabe, Herrin über ihre Sinne zu werden, wenn sie Zusammenhänge zwischen den unterschiedlichen Reizen erkennen kann, wenn sie verlässliche Abfolgen erkennt: Erst wird sie von einem freundlichen Erwachsenen angeschaut und bemurmelt, dann an einen vertrauten Platz getragen, wo über ihr etwas Buntes schwebt. Nach einer weiteren ihr vertrauten, wenn auch nicht verstehbaren Formel wird die Erwachsene erst das eine, dann andere Bein anheben, um Luft heranzulassen. Viel später wird sicherlich das feuchte Gefühl des Lappens zu spüren sein, bis am Ende ein besonders vertrauter Reiz eintritt, bis also alles gut wird: Vielleicht wird die Brust gereicht, der Nuckel oder die Flasche?

Lust macht es schon Afra, wenn sie sich in vertrauten Abläufen einbringen kann, wenn sie weiß, was zu tun ist. Das scheint ein durch alle Altersstufen gehendes menschliches Grundgefühl zu sein: Ein vertrautes Muster erkennen, um eine vertraute Handlung anschließen zu können. Wenn Afra unter das bunte Geklimper des Babytrainers gelegt wird, weiß sie schon, dass sie ihn gleich, mit ihren Händen schlagend, in Bewegung versetzen kann. Es macht sie zufrieden, dass dieses immer wieder klappt, und es erzeugt Begeisterung, wenn Afra sich traut, diesen Trick auf ein ähnliches Objekt in einer ganz anderen Situation auszuführen: Auch das Mobile unter der Lampe lässt sich, wenn man hochgehalten wird, durch Schlagen in Bewegung versetzen.

Bildungsprozesse ereignen sich, indem Kinder an Vertrautes anknüpfend neue Erfahrungen wagen: Beim Kleinstkind kann man noch gut beobachten, wie sich einzelne Stränge dieses Netzwerks aufbauen. Weil eine Sache geklappt und funktioniert hat, übertrage ich sie auf zwei oder drei weitere Situationen. Das, was ich dann lerne, übertrage ich vielleicht wieder auf drei oder fünf Situationen ... Bildung erweitert sich hier wie ein Kettenbrief.

Was braucht Afra von ihrer Umwelt besonders? Gerade, wenn wir sie uns als Krippenkind vorstellen? Vor allem muss sie die Abläufe um sie herum verstehen können, um in der zunächst fremden Umgebung nicht von Reizen überrannt zu werden. Es ist gut für sie und hilft ihr beim Verstehen der zu erobernden Welt, wenn sie zunächst eine Weile eine ganz klare Situation erleben kann:

Immer die freundliche Frau mit dem dunklen Pulli. Immer erst bestimmte Satzmelodien, dann immer erst diese und dann jene Berührung. Allmählich mag sie ihre Welt, ausgehend vom Vertrauten, schrittweise erweitern: Wenn sie sich in ihrer Ecke im Raum auskennt und wohlfühlt, möchte sie auch andere Bereiche erleben. Wenn sie sich bei Erzieherin Michaela sicher fühlt, mag sie sich auch auf Gudruns Arm begeben. Wahrscheinlich schätzt sie es besonders, wenn Gudrun dann zuerst mit ihr das Spiel mit den zehn Zappelmännern macht, was Michaela auch immer mit ihr macht, um dann langsam bereit zu sein für Gudruns Fingerspiele.

Fußbodenzeit

Annette und Sonja, die beiden Erzieherinnen, liegen und hocken auf dem Boden, umgeben von den robbenden und krabbelnden Kleinkindern. Die Kinder sind intensiv mit dem beschäftigt, was das Tun von Kindern im zweiten Lebenshalbjahr ausmacht, ohne dass man es in unsere gewohnten Schablonen wie Spielen oder Entdecken fassen kann. Sie erproben neu erworbene motorische Kompetenzen, indem sie krabbeln, ertasten, beschmecken und erfühlen, Materialien erproben: Durch Schütteln der Rassel ein Geräusch erzeugen, durch Anstupsen des Balls eine Bewegung bewirken.

Immer, wenn es möglich ist, sind Annette und Sonja im Dialog mit jeweils einem Kind. Zuerst sitzt Sonja bei Tasso, später wird sie zu Merte gehen, vielleicht auch vorher zu John. Auch wenn es wie zufällige Begegnungen aussieht, haben die Pädagoginnen einen Plan im Kopf, um sicherzustellen, dass jedes Kind einmal die ungeteilte Zuwendung der beiden Begleiterinnen hat. Es ist fast wie auf einem Familientreffen, bei dem jeder mit jedem einmal wenigstens kurz geredet haben will, wie es dem anderen geht und was er so macht.

Auf Augenhöhe in Kontakt

Wie es dem anderen geht und was er so macht: Auch bei der Fußbodenzeit geht es – trotz einseitiger sprachlicher Kommunikation – genau um diese Themen. „Wie geht es dir?" Nur in der direkten Interaktion mit den Babys können die Erzieherinnen erkennen, wie diese heute gestimmt sind, ob sie bedrückt und unruhig oder entspannt sind. Dafür würde ein kurzer Blick „von oben" nicht ausreichen! Andersherum wollen auch die kleinen Menschen im Gesicht ihrer (möglichst Lieblings-) Betreuerin erkennen, ob alles in Ordnung ist. Sie brauchen es, von der nun für sie zuständigen Bindungsperson, der sie ähnlich tief vertrauen wie den Familienmitgliedern, Sicherheit gebende Blicke zu bekommen.

Was machst du? Womit hast du gerade zu tun? Auch die zweite Stehparty-Frage passt zum Zusammensein von Erzieherin und Baby in der Fußbodenzeit. Anknüpfungspunkt für die Begegnung und, wenn man es so sagen will, Gesprächsinhalt ist die Aktivität, der das jeweilige Kind gerade nachgeht.

Tasso ist gerade damit beschäftigt, das untere Regalfach auszuräumen. Dazu hat er sich dort hingerobbt, in eine hockende Position hochgezogen und greift nun, sich mit linker Hand abstützend, mit der Rechten die Gegenstände, die er dort findet, hält sie hoch und lässt sie auf den Boden fallen. Sonja begibt sich zur Kontaktaufnahme neben ihn, ihr Kopf ist wenig höher als der von Tasso, und sie nimmt nun ebenfalls Sachen aus dem Regal, zeigt sie Tasso mit bedeutungsvoller Miene und legt sie auf den Boden. Tasso gluckst vergnügt, als er seine Handlung bei Sonja wiederfindet.

Nachdem die beiden einige Zeit mit dieser sehr banal wirkenden Beschäftigung weitergemacht haben, variiert Sonja ihr Tun. Sie hält nun jeden Gegenstand, den sie aus dem Regal nimmt, direkt vor ihr Auge und sieht ihn staunend an: Ooooh! Bald beginnt auch Tasso, ihre Gestik, Mimik und das Staungeräusch auf seine Weise zu imitieren. Zu zweit wirken sie in ihr Spiel vertieft, das ihnen offenbar große Freude bereitet. Und als Tasso auf diese Weise auch die vorher nicht beachteten Glitzersteine aus der Nahperspektive entdeckt, ist bei ihm der Grundstein für ein neues Untersuchungsvorhaben gelegt.

Nähe schaffen, um Neues zu vermitteln

Über gemeinsames Tun, über das Teilen von dabei entstehenden Gefühlen entsteht emotionale Nähe. Was für Erwachsene beim Outdoor-Trip zutrifft, stimmt für das Zusammensein von Kleinstkindern und Erwachsenen noch viel mehr. Indem sich Pädagoginnen auf die Spielhandlungen des Kleinkindes oder Babys einlassen, können sie eine wertvolle emotionale Übereinstimmung mit ihm herstellen.

„Ich kann etwas bewirken beim Anderen, weil dieser meine Spiele nachmacht!" Auch dieses Gefühl ist wichtig für die kleinen Kinder. Das ist mehr, als für eine geschickte Handlung nur gelobt zu werden. Schon für ganz kleine Menschen ist es schön und eine Form von Anerkennung, wenn man ihre Ideen wertschätzt, indem man sie aufgreift.

Es ist einfach zu verstehen, dass es in einer solchen positiven emotionalen Situation gut gelingt, das Handlungsspektrum der Kinder zu erweitern, wie es im Beispiel Erzieherin Sonja mit dem erweiterten Handlungsablauf beim Ausräumen macht. Statt das Kind mit Handlungsvorschlägen zu überraschen („Guck mal, hier im Regal sind Glitzersachen, die man sich mal von Nahem ansehen sollte, wie ich es vormache …!"), kann es auf die hier geschilderte Weise die von der Erzieherin eingebrachte Idee als ganz natürliche Erweiterung einer eigenen Handlung erleben. Das macht es viel leichter, sich auf das Neue einzulassen!

Im Zusammenspiel von Mund, Auge und Hand: Untersuchungen der Jüngsten

Ein Atelierbesuch

Die Unter-Einjährigen erleben das Atelier der Krippe, in dem sie etwa einmal die Woche ein vorbereitetes Angebot erleben, als einen Ort faszinierender Eindrücke: Andere Gerüche, andere Tasterfahrungen, ungewohnte Materialien.

Die beiden Pädagoginnen haben zunächst ein einfaches Arrangement aufgebaut, um das die Kinder herumgelegt werden: Gipsplatten mit einem Stückchen Ton, gerade groß genug, um es in die Hand zu nehmen, vielleicht damit zu umschließen. Durch Gesten und Worte der Erzieher animiert, beginnt Lena als einzige, die merkwürdige Masse zu berühren, zu greifen und vors Gesicht zu führen, um sie zu betrachten. Nach einigen Minuten ist klar, dass das angebotene Material die Neugier der Kinder kaum zu fesseln vermag: Die überwiegend jüngeren Kinder verfolgen die Vorführung der Erzieherin Sonja, dass der Ton durch Kneten und Verbinden mit anderen Tonklumpen in seiner Form verändert werden kann, mit geringem Interesse – keine Begeisterung. Die Erzieherinnen tauschen Blicke aus: Das Atelierangebot abbrechen? Sie entscheiden sich stattdessen, weitere Materialien in Umlauf zu bringen: Trockene Ahornblätter aus der Blätterkiste, die neben vielen anderen Naturmaterial-Kisten im unteren Fach des Materialregals steht.

Sofia greift sich ihr Blatt begeistert am feinen Stiel und beginnt, damit ein Kitzelspiel vom Vortag an ihrer Erzieherin nachzuspielen: Statt wie Sonja bei ihr mit einer Feder, fährt sie nun mit der Blattspitze durch das Gesicht der Pädagogin. John beginnt sich ebenfalls mit Blättern zu beschäftigen: Das Blatt mit der ganzen Hand über den Boden gerieben, kann er ein lautes Raschelgeräusch erzeugen. Dieser Versuch wird mit mehreren anderen Blättern wiederholt, offenbar begeistert vom Erfolg und animiert durch sein erzeugtes Geräusch begleitet John sein Tun mit freudigen Rufen: Walalalau! Weil die Ahornblätter nun im Mittelpunkt des Interesses aller Kinder stehen, stellen die Erzieherinnen nun die ganze Blätterkiste zu den Kindern.

> **Neue Reize mit vertrauten Mustern kombinieren**
>
> Die machen immer das Gleiche! Am Beispiel mit dem Blatt ist es gut zu verstehen, wie gerade Kinder unter einem Jahr (aber grundsätzlich auch alle anderen Altersklassen) lernen: Neue Reize werden mit vertrauten Verhaltensmustern untersucht. Das Blatt wird wie eine dem entsprechenden Kind vertraute Feder behandelt und deswegen zum Kitzeln verwendet.
> Diese Herangehensweise der Kinder ist nicht nur natürlich, sondern auch kaum beeinflussbar.
> Es ist also klug, bei einem neuen Material immer darüber nachzudenken, was wohl die wahrscheinlichste Verwendungsweise der Kinder sein wird. Und durch welche Form der Präsentation ließe sich darauf Einfluss nehmen? Wenn der Ton nicht als Klumpen auf einem Tablett wie etwas Essbares läge, sondern beispielsweise als ausgebreitete Masse den Boden unter den Kindern bedecken würde, wie würden sie sich dann mit dem Material auseinandersetzen?

Tasso, der seit Kurzem gelernt hat, sich mit einer dem Kraulschwimmen ähnlichen Krabbelbewegung schnell fortzubewegen, wirft sich nun auf einen ganzen Haufen Blätter, den er selbst durch Umkippen des Blätterkartons erzeugt hat. Während Merte einen dicken Kiefernzapfen wie einen Ball unter der Hand rotieren lassen will, nimmt nur Lena zur anfänglichen Aufgabenstellung Bezug, indem sie das Blatt an die klebrige Tonmasse drückt und damit verbindet, was sie mit großen Augen betrachtet und mit Juchzer kommentiert. Später zerlegt sie ein weiteres Blatt durch Knüllen in einer Hand, sowie Festhalten und Bezupfen mit zwei Händen in viele Einzelteile. Auch dieses Ergebnis betrachtet sie mit zufriedenem Blick aus großen Augen.

3 | Ein Tag in der Krippe:

Die Atelierzeit geht zu Ende: Weil die Erzieherinnen noch vor dem Essen in den Garten gehen wollen, weil Tasso krabbelnd immer wieder aus dem Raum entwischt, weil Merte nun gebannt am Glas der Außentür kniet und die draußen Spielenden beobachtet. Fast fünfunddreißig Minuten hat der Besuch im Atelier heute gedauert. Das ist für die Kinder ungewöhnlich lang: eine dichte Folge aus immer neuen Situationen, die sich in der Begegnung mit dem Material ergaben, eine Vielfalt neuer Eindrücke, die nun in ruhigeren Phasen nachgespürt und geordnet werden.

Was tun im Atelier mit Kindern unter einem Jahr?

Auch wenn Eltern von ersten Farbflecken und Handabdrücken in Ton oder Salzteig begeistert sein mögen: Für die Jüngsten in der Krippe, die noch nicht die Phase des Werkzeugdenkens erreicht haben, ist es oft schlichtweg uninteressant, mit Hand oder Pinsel Abdrücke zu hinterlassen. Wie der anfängliche Versuch mit dem Ton zeigt, überwiegt stattdessen deutlich das Interesse, Material auf seine Eigenschaften zu untersuchen: Dass man mit Ton knetend, formend und bauend alles Mögliche herstellen kann, ist noch uninteressant: Er erzeugt kein Geräusch, er lässt sich mit ungeübten Fingern kaum zerkleinern, im Vergleich zu anderen ebenso gut abbeißbaren Dingen schmeckt er furchtbar.
Klug gehandelt haben die Erzieherinnen, indem sie dem sichtbaren Interesse der Kinder folgend nach und nach weitere Materialien in den Kreis der Kinder gegeben haben. Gerade im Atelier ist es angebracht, den Ablauf von Angeboten ganz und gar aus der Beobachtung der Kinder und der Bereicherung ihrer selbst gewählten Tätigkeit zu entwickeln.

Manche Pädagogin schmerzt gewiss, dass so keine sichtbaren Ergebnisse entstehen, sieht man einmal von Aktionsfotos ab. Künstlerisch könnte man dagegen halten: Vor dem Formen und Gestalten kommt immer das Fühlen und Erfahren des Materials. Eine intensiv ausgelebte Erfahrung vielfältiger Materialeigenschaften ist sicherlich der Grundstein für spätere Vielfalt im Gestaltungsprozess.

In unserer Geschichte hatte lediglich das Zerkleinern der Blätter ein sichtbares, wenn auch kaum vorzeigbares Ergebnis zur Folge. Aber auch im Krippen-Atelier gilt, was bei den ersten Baustein-Erfahrungen, beim Graben im Sand immer wieder bedacht werden muss: Zerstören ist wie Bauen und Formen eine Zustandveränderung, und bevor Kinder Dinge herstellen können, müssen sie in der Regel Erfahrungen mit dem Zerlegen, Dekonstruieren, Zerstören, Plattmachen haben. Kaputtmachen ist bei Kleinkindern kein Ausdruck von Aggression, sondern von Forschergeist und Neugierde. Entsprechend positiv müssen Pädagoginnen dieses auch bestärken; auch freundlich versteckte Bewertung wie der Satz „Jetzt wollen wir nicht alles gleich kaputt machen" ist unangebracht und schädlich.

Materialerfahrungsraum ist also das Atelier für die jüngsten Krippenkinder. Vielsinnlich sind diese Erfahrungen, wie unsere Geschichte zeigt: Ergebnis der Untersuchungen waren fast keine Produkte im künstlerischen Sinne, sondern Geräusche (Rascheln) und Bewegungserfahrungen (Kraulen auf dem Blätterberg).

Welche In-den-Mund-nehme-Erfahrungen sind ungefährlich, und wo sollte man Grenzen setzen? Unsere Ansicht: Pädagoginnen sollten nicht jedes Material mit geringen Gefährdungsmöglichkeiten verbannen, sondern durch intensive Beobachtung und einen guten Personalschlüssel in solchen Phasen sicherstellen, dass vielfältige Schmeck- und Fühlerlebnisse für die Kinder möglich werden.

Ein neuer Gegenstand wird erkundet

Sonja stellt einen Bastkorb auf den Boden im Gruppenraum. Der niedrige Korb zieht die Kinder magisch an, schnell kommen sie hergekrochen. Mit großen Augen fixieren sie den Korb schon von Weitem, und keine Mühe wird gescheut, sich mit durchgestreckten Armen über den Rand hinwegzuhieven.

> Früher glaubten viele Menschen, Kinder im ersten Lebensjahr nähmen von der Welt um sie herum kaum etwas wahr, und deswegen war ja auch der diffamierte Ausdruck des „ersten dummen Jahres" gebräuchlich: „Der erkennt uns ja sowieso nicht wieder", wurde dann gesagt, oder „da staunst du, wo du wieder bist", wenn ein Kind zum wiederholten Mal an den gleichen Ort kam. Ziemlicher Unfug ist das in Bezug auf die aufmerksame Wahrnehmung des kleinen Kindes: Das spürt und merkt sofort, wenn sich etwas in einer vertraut gewordenen Umgebung verändert hat. Nur deswegen kann ein neuer Gegenstand für ein solches Aufsehen sorgen!

Der Korb, durch das Aufstützen zweier Kinder in Bewegung geraten, kippt leicht nach vorne, und sein Inhalt rollt hinaus, direkt vor Hände und Füße der neugierigen Kleinstkinder: Ballons, umhüllt von einer dünnen Stoffschicht. Die Kinder beginnen mit ihrer Untersuchung, was es mit dem Material auf sich haben könnte.

Es klappert in einem Ballon, im anderen auch, der dritte riecht vor allem eigentümlich: An verdutzten Gesichtsausdrücken der Babys lässt sich ablesen, wenn sie eine der Eigenschaften der Ballons erspürt haben. Die Riech-, Klapper- und Fühlballons gehören von nun an eine ganze Weile zum Angebot im Raum der Kleinsten: Mehrere Woche bereitet es den Kindern Vergnügen, immer wieder an diesen Gebilden zu erproben, was man damit machen kann und welcher Sinn damit angesprochen wird. Funktionslust pur!

Schnüffel-, Wackel- und Rasselballons

Kleinstkinder untersuchen Dinge mit dem Mund durch Lutschen, Schmecken und Riechen, zunehmend auch durch die Hände, indem sie Dinge befühlen, drücken, bewegen: Das ist uns ziemlich klar. Seltener denken wir darüber nach, ob sich diese Untersuchungen auch wirklich lohnen: Bieten die Materialien im Krippenraum eigentlich auch eine Vielfalt von Eindrücken, oder fühlt sich das meiste doch ziemlich ähnlich an – vielleicht lackiertes Holz, glattes und geruchsloses Plastik, dann noch weiche Stoffe? Wie man älteren Kindern interessante Bücher und Ausflüge zu eindrucksvollen Orten zugänglich machen will, sollte man bei den Kleinen überlegen, mit welchen Materialien man ihre Erkundungen mit Hand und Mund reizvoll, aufregend, ergiebig machen kann.

Luftballons haben es Unter-Einjährigen angetan: Sie sind leicht zu transportieren, lassen sich gut greifen, geben nach beim Zusammendrücken oder Drauflegen. Dieses beobachtete Interesse der Kinder aufgreifend, haben die Pädagoginnen aus den Ballons stabile Staunobjekte gebaut: Ballons wurden zunächst mit unterschiedlichen Materialien gefüllt, um verschiedene Sinne anzuregen: Mit Gewürzen wie Vanille oder Kamille, um den Geruchssinn zu stimulieren; mit Walnüssen oder Holzkugeln, um beim Schütteln und Werfen des Ballons eine interessante Unwucht zu erzeugen; mit trockenen Erbsen oder Reiskörnern, um Rasselgeräusche zu erzeugen.

Was tun, damit weder erste Kinderzähne noch scharfe Fingernägel die Ballonhaut zerstören? Über den mit eingefülltem Inhalt aufgeblasenen Ballon haben die Pädagoginnen eine zweite Haut in Form einer Feinstrumpfhose gezogen und an beiden Enden wie eine Wurst zugeknotet. Die Ballons können nun mehrere Wochen bespielt, benagt und befühlt werden, ohne kaputtzugehen.

Wickeln

Merte wird müder, sie reibt bereits ihre Augen und erzeugt ein jammerndes Geräusch, das die Erzieherinnen als sicheres Anzeichen dafür kennen, dass sie bald einschlafen möchte. Bevor sie Merte in eine ruhige Ecke im Ruheraum legen, soll sie eine frische Windel bekommen: Weniger deswegen, weil die letzte schon voll wäre; vielmehr, weil Merte diese Ablauf gewöhnt ist, um gut einschlafen zu können.

Merte liegt nun auf dem Wickeltisch, und Annette lässt sich Zeit, langsam die Strumpfhose auszuziehen, Bein für Bein. Sie streicht ihr sanft über die freigelegten Beine. Besonders lange beugt sie sich über Mertes Gesicht, und auch die meiste Zeit beim weiteren Wickelvorgang hält sie Blickkontakt mit dem kleinen Menschen. Sie greift ihre Mimik auf, erwidert sie mit ihrem Gesicht. Wenn der nächste, möglicherweise unangenehme Schritt beim Wickeln bevorsteht – vielleicht die Berührung des Lappens, das Anziehen des ersten Strumpfhosenbeins – macht Annette ein bedeutungsvolles Gesicht und hebt den Finger. Nun ist es Merte, die Mimik und Gestik ihrer Betreuerin aufgreift.

Pflegezeit ist Nähezeit!

Naseputzen, Zähneputzen, Händewaschen, Mund abwischen, Wickeln: Alle diese Pflegesituationen können für Krippenkinder ganz schön unangenehm sein und deswegen mit lauter Abwehr begleitet werden. Was ist daran für manche Kinder so „zum Schreien"? In allen Pflegesituationen wird der Körper der Kinder an sensiblen Stellen berührt. Fast alle Situationen können ungelegen kommen, weil sie plötzlich die gerade gewählte Aktivität des Kindes unterbrechen: „Ich putz dir schnell die Nase!" „Schnell, unterbrich dein Spiel, du wirst gewickelt." Alle diese Situationen bedeuten zudem, dass etwas vom Kind entfernt werden muss, was wir unangenehm finden: Popel, Rotze, Kacke, Schnodder, Matsche. Ob die Kinder das auch unangenehm finden? Nein, im Interesse von Sauberkeit, Hygiene und dem Wohlbefinden des Kindes können wir nicht darauf verzichten, für saubere Finger, Nasen und Popos zu sorgen. Wichtig ist trotzdem bei allen Pflegemaßnahmen zu spüren, in welcher Situation das jeweilige Kind gerade ist. Was es aufgrund dessen gerade braucht, um sich darauf einlassen zu können, jetzt gleich berührt, benässt, beschrubbt zu werden.

Als Nächstes kommt …

Ist das Kind auf die Aktion vorbereitet? Gerade, wenn Pflegemaßnahmen wie das Wickeln die Unterbrechung einer vorherigen Situation verlangen, brauchen Kinder Versteh- und Umschaltzeit. „Jetzt will ich dich gleich wickeln!" Die Erzieherin sollte warten, bis das Kind verstanden hat, worum es geht. „Jetzt machen wir noch die Öhrchen sauber", „Jetzt kommen die Backenzähne", „Jetzt wische ich mal den Popel weg!" – jedes Körperteil sollte beim Waschen nicht nur durch Berührung, sondern auch Benennung gewürdigt werden: Wiederholendes Tun, um Arme, Beine & Co mit Namen kennenzulernen. Es ist praktisch, zur Erinnerung einen Zettel mit allen Körperteilbezeichnungen über dem Wickeltisch anzuhängen.

Wie in unserem Beispiel mit Merte ist es bei ganz jungen Kindern sinnvoll, dabei intensiv mit Mimik und Gestik zu arbeiten: Den Gesichtsausdruck können sie schließlich anfangs noch viel besser „lesen" als die begleitenden Worte.

Viel Zeit für Nähe …

… statt schnelles „Durchziehen" scheint der wichtigste Grundsatz für angenehme Pflegesituationen zu sein. Oft werden Kindern möglichst schnell Windeln gewechselt und Nasen geputzt, damit Schmerz und Unlust schnell vorbeigehen und vergessen werden können. Leider ist oft das gegenteilige Ergebnis die Folge: Die kurze, ungute Situation bleibt in besonders unangenehmer Erinnerung, weil sie eine andere fröhliche Aktivität unterbrach.

Besser ist es, die entsprechende Pflegesituation insgesamt zu einer angenehmen, positiven Situation zu gestalten, in deren Gesamtrahmen der kurze Moment der Unlust keine große Bedeutung haben kann. Wenn es angenehm und behaglich ist, auf dem Wickeltisch zu liegen, weil die Erzieherin einmal nur für einen da ist, weil sie lustige Spiele mit Ärmchen und Beinen spielt, dann spielt der kurze Schmerz am wunden Po keine große Rolle. Wenn man weiß, dass man danach liebevoll übers Haar gestrichen bekommt, ist das ungewünschte Naseputzen kein großes Problem.

Mitmachen erwünscht!

Kann das Kind etwas dabei tun? Viele Kleinkinder scheint gerade bei längeren Pflegemaßnahmen wie beim Waschen und Windelwechseln die Passivität zu stören, zu der sie verdammt sind. Sind sie das? Oder können sie schon selbst helfen, die Nase zu putzen, das Gesicht mit dem Lätzchen „vorzureinigen", damit die Erzieherin nur noch „nachwischen" muss? Können sie beim Reinigen mithelfen, indem sie die Beine anheben oder sich umdrehen?

Aus demselben Grund hilft es Kindern auch beim Wickeln, wenn sie dabei Gegenstände in der Hand halten können, etwa eine Rassel oder etwas anderes „Benutzbares".

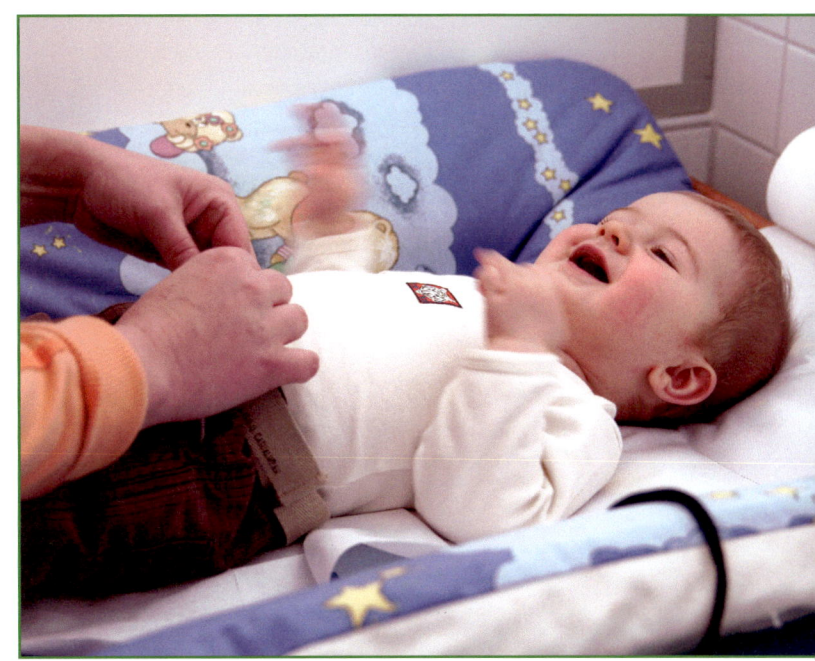

Alles zu seiner Zeit

Afra wird müde, und Noel braucht dringend seine Brei-Mahlzeit. Dabei ist es eigentlich noch lange nicht „Mittagszeit". Trotzdem ist es für die Pädagoginnen selbstverständlich, beiden Kindern das zu geben, was sie brauchen: Essen und Schlaf. Der Tagesablauf mit seinen Fixpunkten, erklärt Sonja, ist bei den Kleinsten eigentlich ein offenes Angebot, keine Richtschnur für die Bedürfnisse! Je länger die Kinder miteinander in der Einrichtung sind, umso mehr passen sich ihre Tagesabläufe aneinander an.

Flexible Tagesgestaltung statt fester Zeiten

Ist es nicht wichtig, von Anfang an einen klaren Tagesablauf durchzusetzen? Daheim sind es die festen Still-, Schlaf- und Wickelzeiten, die manche Elternratgeber immer noch fordern, obwohl sie Unfug sind, hier in der Krippe wird das Gleiche in Bezug auf Mahl-, Schlafens- und Wickelzeiten erwartet. Viele Pädagoginnen mögen es zudem für praktisch halten, die Gruppe möglichst schnell zeitlich aufeinander eingestimmt zu haben. Was ist ungünstig daran? Im ersten Lebensjahr ist es besonders wichtig, dass Kinder ihre zunächst völlig unklaren Bedürfnisse verstehen lernen. Habe ich Hunger, stört die Windel, bin ich müde?

Für diesen langjährigen Prozess der Bewusstwerdung ist es kontraproduktiv, wenn gleich am Anfang versucht wird, gegen solche Bedürfnisse des Kindes zu handeln, indem es essen und trinken soll, wenn es wahrscheinlich nicht zufällig gerade Hunger und Durst hat … Abgesehen davon ist ohnehin fraglich, warum sich Kleinkinder ohne jedes Zeitgefühl anhand von bestimmten Ritualen zu festgelegten Zeiten orientieren sollten. Wichtiger dafür, um sich zeitlich orientieren zu können, ist dagegen das Anbieten von klaren Abläufen. Schon kleine Kinder bekommen Struktur in ihr Alltagsleben, wenn sie erleben, dass nach einem ersten Ereignis immer das zweite folgt. Nachdem ich meinen Brei bekomme, werde ich ein wenig herumgetragen, danach legt man mich ins Bett.
Zuletzt noch einmal zu dem Argument, ein gemeinschaftlicher Tagesablauf wäre praktischer: Im Gegenteil, es ist günstig, wenn zu vielen Tagesphasen einige Kinder gerade schlafen, damit die Pädagoginnen sich auf die restliche Gruppe intensiv konzentrieren können. Flexible Tagesgestaltung bei Kleinstkindern braucht lediglich eine flexible Arbeitseinteilung: Zu Stoßzeiten ist es gut, wenn eine Hilfe aus einer anderen Gruppe einspringen kann.

Mittagszeit

Wanja sitzt auf Sonjas Schoß, und August wird gerade von ihrer Kollegin hochgenommen. Joel will glücklicherweise schon auf dem großen Tripp Trapp®-Stuhl sitzen, aber das sind trotzdem erst drei Kinder, die gemeinsam essen können. Ist das ein Problem? Die Gemeinschaftlichkeit beim Essen ist für die Unter-Einjährigen ohnehin noch nicht wichtig, viel bedeutsamer ist hingegen, dass sie jetzt „ihre" Erzieherin für sich haben, um sich auf das Essen einlassen zu können. Gut, dass die anderen Kinder der Gruppe es gewohnt sind, diese Zeit auf der großen Krabbeldecke zu verbringen. Wenn die drei oder vier ersten Kinder fertig sind, werden sie mit ihnen den Platz wechseln. Lange dauert das Mittagessen deswegen bei der Gruppe der Jüngsten, manchmal wird auch noch eine Kollegin aus einer anderen Gruppe hinzugeholt, um diesen Vorgang mitzugestalten. Bloß keine Hast, sagen die Erzieherinnen sich immer wieder, wir brauchen und haben Zeit. Essen in der Krippe ist gerade bei den Kleinen sinnliches Erfahrungsfeld, keine Abfütterei.

Nicht von hinten und über das Kind hinweg!

Ernährung ist für Kinder unter eins ein intensiver Bindungsmoment. Untrennbar gehört zumindest bei gestillten Kindern die direkte körperliche Nähe zur Mutter zur Nahrungseinnahme dazu. Dass Essen und/oder Trinken auch später noch ein Moment inniger Verbundenheit ist, erkennt man meistens gut an den intensiven Blicken, mit denen kleine Kinder die sie fütternden Personen anschauen.
Eine gute Krippe, die nicht das Negativ-Klischee einer Kinder-Abfertigungsanstalt bedienen will, muss dem Bedürfnis der Unter-Einjährigen nach einer genussvollen, Nähe bietenden Essens- oder Trinkenssituation Rechnung tragen!
Das bedeutet: Selbstverständlich werden Kinder, die noch nicht sitzen können, auf dem Schoß gefüttert, statt im auf den Tisch gestellten Babywipper. Auf dem Schoß hält die Erzieherin das Kind so, dass sie Blickkontakt hat, um die Speisen oder Getränke im Tempo des Kindes anbieten zu können, um auf dessen Minenspiel antworten zu können: Schmeckt nicht? Zu heiß? Hmm, lecker? Schon satt?

Gemeinsames Essen in der Krippe: keine Abfütterei, sondern sinnliches Erfahrungsfeld

Zwiegespräch mit Baby

Konstanze ist heute überaus unlustig. Den ganzen Tag möchte sie nicht vom Arm ihrer Erzieherin, sodass diese das Kind nun in der Stoff-Babytrage mit sich führt. Konstanze scheint es zufriedenzustellen, nun einmal direkt bei Annettes alltäglichen Verrichtungen direkt dabei zu sein: Zu sehen, wie der Tee bereitet wird, wie Annette Sachen aus einem anderen Raum holt, wie sie kurzfristig in die Gruppe der Zweijährigen zu Hilfe eilt. Annette spricht nach einiger Zeit unaufhörlich mit dem Kind. „Das ist, als würde ich mir selbst die Bildbeschreibungen für Sehbehinderte im Fernsehfilm aufsprechen!", lacht sie nachmittags, als sie ihre kleine, wortlose Begleiterin deren Mutter übergeben hat.

Sprechen mit Sprachlosen

Gar nicht so einfach: Wie spricht man zu jemandem, der nicht antwortet und damit zeigen könnte, dass er das Gesagte versteht? In der Altersgruppe der Kinder unter eins können sich Erzieherinnen mit ihren Kindern nur sehr einseitig mit Worten unterhalten. Soll man den Kindern erzählen, was man macht, so wie es Annette hier tut, soll man ihnen gar wortreiche Erklärungen geben, wenn sie so wirken, als hätten sie etwas – vielleicht ein plötzliches lautes Geräusch – nicht verstanden?

Auch wenn es Neulingen in der Krippe zunächst gewöhnungsbedürftig erscheint: Man soll unbedingt! Sensibel für Sprache sind schon Neugeborene, die nachweisbar ähnliche Lautmelodien von Sprache unterscheiden können, die schon bald die Muttersprache aus Fremdsprachen heraushören. Und gar nicht so anders als beim späteren Fremdsprachenlernen ist: Lange, bevor die Kinder ihre ersten Worte sprechen können, verstehen sie einfache sprachliche Aufforderungen. Lange, bevor sie nachweisbar solche Aufforderungen verstehen, gibt ihnen das Gesprochene der Erwachsenen eine Orientierung, um was es gerade geht.
Weiterhin gilt: Je länger Kinder Sprache anhören können, desto mehr Erfahrungen können sie damit machen.

Pädagogische Folgerung: Viel sprechen mit dem Kind jeden Alters!

Kapitel 4

Nachahmen, erforschen, untersuchen:
Was spielen Krippenkinder?

4 | Nachahmen, erforschen, untersuchen:

Was machen Kleinkinder den ganzen Tag über? Was treibt sie dazu, ständig Regalfächer zu leeren, Dinge herumzuwerfen, nach interessanten Materialien zu suchen, als wären sie bei einer Hausdurchsuchung? Was für ahnungslose Menschen aussieht wie reines Zufallshandeln, birgt bei näherem Hinsehen eine verblüffend große Ernsthaftigkeit und Systematik. Kleinkinder erforschen in Untersuchungsreihen die Welt auf einfache Gesetze. Sie erforschen Fragestellungen, von denen wir Größeren längst nicht mehr wissen, dass sie uns anfangs nicht klar waren: Fallen alle Dinge nach unten, oder gibt es Ausnahmen? Kann man Dinge verschwinden lassen, indem man wegsieht? Sind Dinge, die durch schnelle Drehung anders aussehen, auch andere Dinge als im Ruhezustand? Warum wird manchmal aus zwei Sachen eine Sache?

„Elementare Experimente" werden diese Untersuchungen manchmal genannt, die sich bei allen Kindern wiederfinden lassen, andere sprechen von elementaren Spielhandlungen oder von Schema-Handlungen. Es lassen sich eine Vielfalt an Handlungen finden, aber zum besseren Verständnis ist es sinnvoll, vor allem die folgenden fünf Handlungen besonderer Betrachtung zu unterziehen, weil sie am häufigsten zu beobachten sind.

Durch die Einordnung in fünf elementare Spielhandlungen gelingt es uns, das scheinbar grenzenlose eigenaktive Tun der Kleinkinder überschaubar zu machen; die Einteilung hilft, um hinter dem zunächst vielleicht absichtslos wirkenden Tun Grundbedürfnisse und aktuelle Entwicklungsthemen der Kinder zu erkennen. Auf dieser Basis fällt es leichter, gezielte Impulse und Angebote zu entwickeln, die mit der Selbsttätigkeit der Kinder in Zusammenhang stehen.

Allzu statisch sollte die Einteilung jedoch nicht verstanden werden: Wie schon die Beschreibung zeigt, können viele typische Betätigungen von Kleinkindern mühelos zu mehreren der fünf elementaren Spielhandlungen gezählt werden. Beim Transport im Puppenwagen rotieren die Räder, und die darin transportierten Gegenstände mögen unter einem Tuch verborgen sein …
Ebenso enthält jede der Spielhandlungen eigentlich auch ihr Gegenteil: Auch beim Auseinandernehmen untersuchen Kinder Verbindung, auch beim Werfen das Fallen, auch beim Suchen das Verstecken.

Rotation entdecken:
bewegen, rollen, drehen, kreiseln

„Buiii!" Luise liebt Bälle schon lange, nicht nur, weil Erwachsene oder ältere Kinder damit schon öfter mit ihr in Kontakt getreten sind: Faszinierend wird für sie am Ballwurf sein, dass dieser – anders als andere in Bewegung versetzte Gegenstände – nicht sofort in einen Ruhezustand fällt. Der mühsam hinuntergeworfene Baustein bleibt einfach liegen, während der versehentlich angestoßene Flummi sofort losrollt, anstößt, zurückrollt. Ebenfalls beeindruckend scheint am Ball, genau wie am schnell drehenden Rad, vor allem auch am Glas der Waschmaschine, dass dort eine packende Erscheinung zu beobachten ist: Aus klar erkennbaren Dingen werden kreisende Linien, die das Auge nicht fassen kann.

Rotation können die Kinder bei Bällen untersuchen, ebenso bei Fahrzeugrädern im Spielzeug-Fuhrpark, vor allem, wenn man den Puppenwagen umdreht und die Räder antreibt. Die schnelle Bewegung, die der Kreisel beim Rotieren macht, ohne dabei seinen Ort zu verändern, können die Kinder mit einem ganzkörperlichen Rotationserlebnis verbinden, nämlich dem Kreiseln auf einem Spielplatzkarussell. Auch auf der Schaukel, wenn sie von jemandem eingedreht und damit aufgezogen wurde, lassen sich kleinere wie größere Kinder gerne in Rotation versetzen.

An Rotation fasziniert wohl besonders, dass sie sich so unwirklich anfühlt: Das schnell gedrehte Rad wird unsichtbar, die Farben einer Farbscheibe lösen sich in Weiß auf, und wenn man selber rotiert, wird die Welt um einen scheinbar zum Schwanken und Drehen gebracht. Welch überirdisches Gefühl auf einem rotierenden Planeten!

Dinge fortbewegen:
Der Transport

Rotation als angewandte Kunst könnte man das nächste Untersuchungsfeld von Kleinkindern benennen: Viele Transportgeräte basieren schließlich auf rotierenden Scheiben, die das einfache Fortbewegen größerer Gewichte ermöglichen. Der Clou dieses Experimentierfeldes scheint jedoch ein anderer zu sein: Beim Transportieren verändern Kinder aktiv den Raum um sie, indem sie Material, vielleicht auch eine ganze Spielhandlung – in einen anderen Kontext versetzen.

Diesem Transport wohnt die zunächst überraschende Erkenntnis inne, dass die Gegenstände immer noch dieselben sind, auch wenn sie sich an einem anderen Ort befinden. „Geschafft!" Transportieren fühlt sich bei Kindern – wie bei erwachsenen Umzugshelfern oft auch – deswegen gut an, weil man seine Kräfte dafür dosiert einsetzen muss, um das gewünschte Ergebnis zu erlangen. Ein Transport, bei dem man nicht geschickt und stark sein muss, ist in diesem Sinne wenig interessant.

Transportiert zu werden, ist eigentlich für Kleinkinder absolut alltäglich, denn die meisten Wegstrecken legen sie noch nicht selbst zurück. Ist dagegen das Sich-Transportieren im Holz- oder Plastikauto, später auf dem Dreirad mit Anstrengung und Geschick verbunden, wird daraus abermals ein Selbstbeweis der eigenen Kompetenzen: Eben war ich noch hier und bin nun schon da: Klarer Beweis für meine Kraft!

Werde ich von anderen Kindern in den Wagen gesetzt und geschoben, kommt eine weitere Mutprobe hinzu: Wohin werden sie mich führen? Werde ich sanft gerollt oder plötzlich stehen gelassen, umgekippt?

Kinder brauchen Möglichkeiten, sich selbst und Dinge zu transportieren.

Alles will nach unten: Die Fall-Linie

Klatsch! Marta kann schon gut werfen, und deswegen fliegt ihr Fläschchen weit vom Tisch, bevor es neben der Spülmaschine aufschlägt. Zack, zack, fliegen Teller, Lätzchen und Wurststückchen hinterher. Die Eineinhalbjährige wirkt begeistert, kraftvoll, während sie ihren Tisch auf so impulsive Weise abdeckt. Kein Wunder: Mit dem Hinabwerfen der Dinge machen sich Kinder eine der verlässlichsten Naturkräfte zunutze, nämlich die Schwerkraft: Alles erst einmal in die Luft beförderte fällt unweigerlich hinab. Es muss sehr befriedigend sein, als Kleinkind mit seinen begrenzten Handlungsmöglichkeiten eine derart gut beherrschbare Naturkraft zu entdecken.

Fallen lassen heißt: Ich spiele mit einer Kraft, deren Faszinationskraft uns Großen aufgrund allzu großer Erfahrung kaum noch zugänglich ist: Alles fließt, fällt, rollt, stürzt hinab. Es muss zunächst faszinierend sein, dass außer einigen bewunderten Ausnahmen – dem Vogel, der Fliege etwa – alles auf der Welt diesem Gesetz gehorcht. Auch das hochinteressante Wasser gehorcht streng diesem Gebot, von oben nach unten zu laufen – ein weiterer Grund für stundenlange Untersuchungen am Wasserhahn.

Vielleicht ist das Fallenlassen die herausforderndste Spielhandlung für erwachsene Begleiter, denn herumgeworfenes Brot, laut aufschlagende Gegenstände und Ähnliches erschrecken, ärgern, nerven uns. Weil uns der Boden ferner ist als den Kindern, ist es für uns im Alltag normaler, dass er leer ist, wir bücken uns unwillig, um Dinge wieder in ihre für uns richtige Höhe zu bringen. Es ist wichtig, gerade hier immer darüber nachzudenken, was es anstelle von der vermuteten Rebellion bedeutet, wenn satte Kinder ihre letzten Brotstücke samt Teller durch den Raum schmeißen: Wird da nicht einem lustvollem Essen durch Einsatz des energiegeladensten Spiels das Sahnehäubchen aufgesetzt?

„Opala! Plumps!" Gerade im zweiten Lebensjahr ist mit den Fall-Experimenten untrennbar verbunden, dass die Kinder selbst immer wieder einmal hinplumpsen. Wenn der Schmerz nicht überwiegt, versuchen die Kinder gerne mit Blicken und Fingerzeigen zu rekonstruieren und berichten, wie sich der Fall abgespielt hat. Bei dieser Reflexion des eigenen Fallverhaltens brauchen sie uns als Gegenüber, statt einfach nur getröstet zu werden.

Nicht mehr sichtbar heißt nicht weg:
Das Verstecken

Kinder brauchen Versteckmöglichkeiten.

„Weg!" „Kuckuck!" Kleinkinder fasziniert schon frühzeitig die Möglichkeit, vorher sichtbare Gegenstände komplett verschwinden zu lassen. Dafür entwickeln sie unterschiedliche Strategien: Dinge unter Tüchern verstecken; Dinge durch Hineinwerfen in Behälter verstecken; Gegenstände durch Hineinstellen und Türenzuklappen beim Schrank verstecken; sich selbst durch Verbergen hinter Sichthindernissen oder durch Schließen von Türen verstecken, um dadurch eigentlich – ganz subjektiv gesehen – die vorher sichtbare Umwelt, vielleicht das Gegenüber verschwinden zu lassen. Auch das völlige Verschwinden der Nahrung im eigenen Mund kann Kinder beeindrucken: Weg!

Während beim Verstecken von Dingen wohl vor allem Objektpermanenz untersucht wird – sind Dinge auch existent, auch wenn sie gerade nicht sichtbar sind? – hat das Sich-Verstecken, ganz gleich, ob nur durch Wegdrehen des Kopfes oder durch Aufsuchen ferner Verstecke, immer auch mit der mutigen Entfernung von Bindungspersonen zu tun: Ich entferne mich aus dem Blickfeld des Menschen, durch den ich mich sicher fühle.

Verstecken lebt von der Spannung und Vorfreude auf das Wiederfinden: Beim Versteckspiel können Kleinkinder das warme Gefühl, nach einer Trennung wieder in die Arme der Betreuerin zu kommen, intensiv durchleben. Aber auch das Suchen und Wiederfinden von Gegenständen fasziniert Kinder schon früh: Der Aufforderung, das vermisste Kuscheltier oder die verlorene Flasche zu suchen, folgen schon Kleinkinder oft bereitwillig.

4 | Nachahmen, erforschen, untersuchen:

Aus zwei Dingen wird eins:
Das Verbinden

Das Ganze ist mehr als die Summe seiner Teile: Durch die Verbindung von Materialien entstehen neue Formen, neue Zusammenhänge, neue Benutzungsmöglichkeiten. Kleinkinder – und lange Zeit noch größere Kinder – erproben in auffälliger und unauffälliger Form die Verbindung von Materialien und die damit entstehende Veränderung: Bausteine werden stapelnd zum Turm verbunden. Tücher werden wickelnd mit dem Tischbein verbunden. Durch Anziehen wird die Puppe mit meiner Mütze verbunden. Beim Hineinstecken von Gegenständen in passende Öffnungen werden Verbindungen erzeugt, wie beim Steck-Würfel in die Steck-Büchse, wie beim unerlaubten Versuch, Stecker in Steckdosen zu stecken. Beim Puzzle wird aus den vorher ungeordneten Teilen und der Bodenplatte eine glatte Fläche mit einem klaren Bild.

Auch die Gegenbewegung zum Verbinden könnte zu dieser elementaren Spielhandlung gezählt werden: Beim Trennen von Dingen wird ebenso die Verbindung untersucht wie beim Zusammensetzen. Den Stapelturm umzukippen, ermöglicht dem Kleinkind, die Ergebnisse einer Verbindung wieder in Einzelteilen zu erleben: Aus der Großform des Turms werden wieder die Einzelformen der Bausteine.

Hundert Sprachen hat das Kind, sagt ein Leitspruch aus der Reggio-Pädagogik, um dieses ergänzend möchte man beifügen: Hundert Spielhandlungen hat das Kind gewiss auch!
Es gibt in der Praxis noch viele andere Spielhandlungen zu beobachten, in die sich Kinder mit großer und nicht nachlassender Intensität begeben. Viele dieser Betätigungen sind höchst individuell, beruhen auf einmal gemachten und dann bestärkten Erfahrungen: Marta hat schon früh herausgefunden, dass man durch Hineinkrähen in Papprören tolle Geräusche erzielen kann, Luise wird magisch von Schaltern angezogen und benutzt alle Dinge als Handyersatz. Alle diese Betätigungen, ob sie sich nun in fünf oder sieben elementare Experimente kategorisieren lassen oder nicht, sind Ansatzpunkte, um sich die Welt individuell zu entschlüsseln. Von (fast) allen diesen Punkten gelangen Kinder zum Kern, zu einer weiteren Erkenntnis über die Ordnung der Dinge um sie herum. Beobachtung ist unerlässlich, um allen verblüffend kollektiven wie auch höchst individuellen Spielhandlungen genügend Material zur Verfügung stellen zu können!

Steckbüchsen lassen sich schnell und einfach selbst herstellen.

Spielformen im Krippenalter

Neben den Schema-Handlungen lässt sich das Spiel der Krippenkinder auch nach Spielformen unterscheiden, die sich nach und nach in der Entwicklung des Kindes ausprägen. Das Spiel des Menschen beginnt damit, dass Kinder im ersten Lebensjahr ihre neu erworbenen Fähigkeiten und Fertigkeiten anwenden, um sie zu erleben und sich darüber zu freuen. Man spricht vom **Funktionsspiel**, weil das „Funktionieren" der ausgeführten Handlung spielerisch untersucht wird: Spielaufgabe ist, einen bestimmten Effekt herbeiführen zu können. Spielergebnis ist im besten Fall „Funktionslust": Es klappt!

Typische erste Spielhandlungen beim Funktionsspiel sind: Ich probiere, ob ich Dinge erst ansehen und wieder wegschauen kann, ob ich Dinge greifen und in den Mund nehmen kann. Mit fortschreitender Entwicklung werden die Handlungen komplizierter: Ich untersuche spielerisch, ob das Licht angeht, wenn ich kräftig auf den Schalter drücke. Viele der im Buch geschilderten „elementaren Experimente" lassen sich auch als Funktionsspiele begreifen, etwa die Fallexperimente oder das Transportieren von Dingen.

Aus dem Funktionsspiel entwickelt sich bald das **Gestaltungsspiel** oder **Konstruktionsspiel**: Wie beim Funktionsspiel geht es dem Spielenden darum, ein bestimmtes Ergebnis zu erzielen und daran Freude zu haben, aber nun werden bestimmte Handlungen mit Materialien vorgenommen, um ein sichtbares Ergebnis zu gestalten: Ich benutze eine Sache, eine Materie, um daraus ein Ergebnis zu formen. Erste bildnerische Betätigungen – das Auftragen von Farbflecken oder Strichen auf Papier mittels Hand, Pinsel oder Stift – sind genauso Beispiele des Konstruktionsspiels wie das Bauen mit Bausteinen oder das Formen mit Sand. Aber auch „flüchtige" Ergebnisse wie ein mit Wasser gefülltes und wieder ausgekipptes Gefäß entstehen beim Konstruktionsspiel. Gerade bei kleineren Krippenkindern ist es eher der gelungene Prozess, der sie erfreut und für das sie Anerkennung haben möchten, weniger das Produkt.

Interessante Ergebnisse erreichen Kleinkinder beim Konstruktionsspiel experimentell, also eher zufällig durch intensives Erproben eines interessanten Materials. Trotzdem können sie intensive Begleitung und Anregungen durch Erwachsene gut gebrauchen, die ihnen vor allem geeignete Materialien für ihre Untersuchungen bereitstellen müssen. Vor allem aber brauchen sie wohl von ihren erwachsenen Begleitern viel Zuspruch und Nachsicht: Viel Zuspruch, weil zum unermüdlichen Ausprobieren untrennbar dazu gehört, dass immer etwas nicht klappt, weil der Klötzchenturm umfällt, der Sandkuchen zermatscht. Nachsicht, weil experimentelle Untersuchungen wie das Umgießen von Wasser oder das Auftragen von Farbe immer wieder mit Verschmutzung und Beschädigungen verbunden sind.

Im Alter von etwa zwei Jahren kommt ein völlig neuer Aspekt zum Spiel des Kindes hinzu: Gegenstände, die ja bisher nur zu untersuchende Materie waren, werden plötzlich mit Bedeutung versehen und damit zu Stellvertretern realer Lebewesen: Beim **Symbolspiel oder „Als-Ob-Spiel"** nutzen die

Wickeln der Puppe – beim nachahmenden Spiel erproben die Kinder Handlungen, die sie bei ihren Bezugspersonen beobachtet haben.

Kinder Dinge, um erlebte oder nur vorgestellte Situationen im Spiel betrachtbar und nachfühlbar zu machen. Stofftiere sind nicht mehr nur Kuschelobjekte mit Gesicht, sondern werden wie andere Spielzeuge oder Gegenstände als Spielpuppen in einer zunächst einfachen Handlung eingesetzt: Mit der Puppe wird das eigene Gewickelt-Werden nachgespielt, der Stoffhund „schläft", ein Plastikhuhn ruft gackernd seine Küken und gibt ihnen Futter.

Vom Als-ob-Spiel ist es nur ein kleiner Entwicklungsschritt zum **Rollenspiel**: Nun kann das Kind selbst „Spielfigur" sein, statt nur Gegenstände dieses symbolisieren zu lassen. Es kann so andere, von ihm erlebte Rollen einnehmen, um zu ergründen, wie es sich anfühlen mag, die Erzieherin, der Vater oder ein Hund zu sein. Anfangs vollziehen Kinder ihre Rollenspiele oft noch parallel zu anderen spielenden Kindern: Sara wickelt gerade ihre Puppe am Spiel-Wickelplatz, und Lili füttert ihre nebenan am Tisch, aber beide spielen ein eigenes Spiel, in dem für die andere kein Platz vorgesehen ist. Zunehmend aber klinken sich die Kinder in die Spiele der anderen ein, bekommen von anderen Rollen in deren Spiel zugewiesen oder suchen Mitspieler für eigene Rollenspielkonstellationen.

Mit dem Einzug dieser gemeinsamen Rollenspiele wird bald eine wandelbare Bühne aus dem Spielraum, dessen Einrichtungsgegenstände und Materialien wechselnde Requisiten symbolisieren: Der Tisch das Dach einer kleinen Hütte, das Buch ein Tablett … Wichtig wird hier, dass Pädagoginnen eine große Auswahl geeigneter, wandelbarer Materialien bereitstellen, mit denen sich möglichst viele unterschiedliche Spielhandlungen inszenieren lassen.

Erst gegen Ende des Krippenalters kann man bisweilen eine nun bevorstehende Weiterentwicklung des kindlichen Spiels beobachten: **Regelspiele** entstehen dadurch, wenn Kinder im Rollenspiel feststellen, dass bestimmte Regeln den Spielverlauf strukturieren können: „Wenn ich so mache, heißt das Stopp". Entsprechend sind die Kinder dann auch erst allmählich in der Lage, sich auf von Pädagoginnen vermittelte Regelspiele oder Gesellschaftsspiele einzulassen, statt die vorgeschlagene Spielhandlung als Rahmen für ein Rollenspiel umzuinterpretieren. Spielformen bauen aufeinander auf, aber sie lösen nicht einander ab. Selbst das Ziel der einfachsten Spielform, des Funktionsspiels, nämlich das Erzeugen einer bestimmten Wirkung durch eine bestimmte Handlung, ist auch für Erwachsene noch interessant: Beim Ausführen kniffeliger Bewegungen oder beim ersten Austesten neuer technischer Geräte, um nur zwei Beispiele zu nennen, geht es ihnen wie den Kleinkindern um das Erleben von Funktionslust. Nur die Schwierigkeitsstufe, mit der dieses erreicht wird, passt sich der Entwicklung an.

Insofern gibt die Beobachtung, welche Spielformen ein Kind noch spielt, wenig Aufschluss über dessen Entwicklungsreife.
Und auch größere Krippenkinder benötigen Material für alle Formen des Spiels, aber natürlich angepasst an den mit dem Alter möglichen erhöhten Schwierigkeitsgrad.

Kapitel 5

Ein Tag in der Krippe:
Die Einjährigen

Nachmacher, Trickser, Spaßvögel:
Menschen im zweiten Lebensjahr

Gerda hat zu tun. Wie ein dicker Bauer sieht sie manchmal aus, wenn sie von einer zur nächsten Aktivität hastet, angestrengt schnaufend, aber beharrlich und fleißig: Erst muss das Essensgeschirr herumgeräumt werden. Dann auf den Stuhl geklettert werden, um den Fläschchendeckel zu holen und aufzusetzen. Ab in den nächsten Raum: Jetzt muss getanzt werden, und zwar mit einem Plüschhund in einem und der Plüschkatze im anderen Arm. Später wird sie mit aufgeregten Gesten ein Telefonat mit der Holzschiene führen, in einer Sprache, die echt klingt, aber kein bekanntes Wort enthält.

Geschäftig wirken sie, die Kinder zwischen eins und zwei, und tatsächlich könnte man einen Plan hinter ihrem Tun vermuten: Viele Handlungen finden in einer einmal festgelegten und nun beibehaltenen Reihenfolge statt. Alle diese Handlungen dienen in gewisser Weise dem Zweck, sich fortzuentwickeln.

Viele ihrer Handlungen fußen auf Beobachtung und Nachahmung: Das Telefonieren hat sie schon lange im Repertoire, abgeschaut von der Mutter: Gerda fand es offenbar bewegend, wenn diese in ein schwarzes längliches Gebilde hineinspricht, als wäre jemand anders zugegen. Vor allem hat Gerda wohl erfahren, dass diese Handlung so bedeutsam ist, dass nicht nur die Mutter, sondern auch alle anderen Menschen sie ab und an vollziehen. Wenn man davon ausgeht, dass Handlungen nachgeahmt werden, um ihrem Sinn auf den Grund zu kommen, wird ein weiterer Aspekt deutlich: Sie hat das Rätsel des Telefonierens noch nicht geknackt, weil sie ja weder weiß, dass am anderen Ende der Strippe jemand spricht, noch überhaupt weiß, wie genau dieses Sprechen geht. Dritter Grund für das Telefonspiel: Gerda weiß, dass ihre Umwelt darauf positiv reagiert. Sie wurde dafür gelobt und bewundert, manchmal in kurzen Worten, manchmal dadurch, dass Erwachsene oder größere Kinder das Telefonspiel mitgespielt haben. Vierter Grund für die lange Beibehaltung des Spiels: Auch wenn Handlungen nicht mehr besonders spannend sind, behalten Kinder (wie Erwachsene auch) sie im Repertoire, weil es gerade in Momenten, in denen man genug Spannendes getan und erlebt hat, entlastend und entspannend ist.

Wie verhält es sich mit den anderen Handlungen aus Gerdas Programm? Mit vielen der erst vor einiger Zeit hinzugekommenen Tätigkeiten erzielt sie durch Anwendung bestimmter Fähigkeiten bestimmte Wirkungen. Ich mache etwas, was ein bisschen oder ganz schön schwer ist, damit etwas passiert oder entsteht: Wenn ich den Apfel sicher greife, dem Arm Schwung gebe und am Ende des Schwungs den Apfel loslasse, kann er fliegen und klatschend in der Zimmerecke aufkommen. Wenn ich die Steckringe gut greife und genau nachfühle oder nachschaue, kann ich sie zu einer eindrucksvollen Form aufeinanderstapeln. Wenn ich den Stuhl ins Bad schiebe und dann den Wasserhahn richtig anstupse, kann ich eine Wassersäule herstellen und Dinge nass machen, vielleicht sogar mich.

Bei allen drei Beispielen ist Gerda von der Wirkung, dem erzielten Effekt ihrer Anstrengung begeistert. Je anstrengender der Effekt zu erzielen war, desto größer ist die Begeisterung. Um dieses Gefühl der Begeisterung aber auskosten zu können, braucht sie Feedback: Ein anderer, dafür geeigneter, im Normalfall also größerer Mensch muss mit Worten und Gesten ihre Handlung loben und sich mitfreuen. Bei unseren Beispielen ist abzusehen, dass sie nicht alle drei die gleiche Mitfreude von den Erwachsenen auslösen: Beim Steckturm ist das positive Feedback sicherer zu erwarten als beim Plantschen. Trotzdem braucht es Gerda in allen Fällen, um mit ihrem Erfolg nicht alleine dazustehen! Bei vielen Handlungen finden sich Nachahmung und Freude am Funktionieren in Kombination. Das Wegräumen und anschließende Spülen des Geschirrs ist natürlich eine Nachahmung einer täglich erlebten Handlung, gleichzeitig aber auch ein als interessant erlebtes Feld, um mit eigenen Kompetenzen einen Effekt zu erzielen: Dinge zusammenstellen können, den Wasserhahn bedienen können, Wasser in Gefäße schütten können. Was beim Versuch der Nachahmung als interessantes Experimentierfeld wahrgenommen wird, behält Gerda bei.

Noch einmal zurück zur Nachahmung: Als Gerda im ersten Lebensjahr damit begonnen hat, Handlungen zu imitieren, bezog sich das hauptsächlich auf von ihr beobachtete Handlungen ihrer Mitmenschen. Nun ahmt sie auch Handlungen nach, die ihr „beigebracht" wurden: Den Umgang mit der Steckpyramide hat sie weder zufällig bei jemand anderem beobachtet noch nebenher entdeckt. Er ist ihr gezeigt worden, in einem Moment, wo er interessant für sie werden konnte. Er ist ihr in einer freundlichen, zugewandten Situation vermittelt worden, die schon von Anbeginn an Momente positiven Feedbacks beinhaltete: „Ich zeige dir mal etwas, das macht dir bestimmt Spaß!" Das beweist: Gerda und ihre Altersgenossen brauchen zum Entwickeln ihres Programms Anregungen zum Handeln in drei Versionen:

Sie brauchen nachahmbare Handlungen, indem sie beispielsweise größere Menschen bei ihrem Tun beobachten können; sie brauchen freien Zu- und Umgang zu Materialien, bei denen man interessante Benutzungsmöglichkeiten entdecken kann; sie brauchen zuletzt Menschen – vor allem Pädagoginnen – die ihnen Tätigkeiten gezielt vormachen, anbieten. Und für alles, was sie tun, brauchen sie freundliches, wertschätzendes, natürlich auch bei Bedarf sanft korrigierendes Feedback.

Größere Menschen, von denen man etwas lernen kann: Für Gerda und ihre Altersgenossen zwischen eins und zwei haben diese oft noch Priorität. Nahe sind sich die Gleichaltrigen vor allem in ansteckenden Spielsituationen, wenn besonders lustvolle Effekte erzielt werden: Das gemeinsame Erzeugen lauter Geräusche durch Hämmern und Klopfen ist einer dieser Momente, wo aus dem Nebeneinander ein Miteinander wird. Manchmal gibt es im nachahmenden Spiel Situationen, wo sich soziale Interaktion und Nachahmung mischen: Wenn Gerda Tischdecken und Essen spielt, beauftragt sie mit knapper Geste bisweilen Iva, die ihr ohnehin immer folgt, sich auf den zweiten Platz zu setzen und vom Teller zu „essen".

5 | Ein Tag in der Krippe:

Morgenkreis

Gleich ist Morgenkreiszeit. Beata hat wie jeden Morgen nach dem Frühstück mit den Kindern im Gruppenraum gespielt, einige fläzen sich auf den Matratzen, hopsen, rollen, lachen. Als die Erzieherin an das Bord geht, um ein mit verschiedenen Dingen gefülltes Körbchen und den Brummkreisel zu holen, wissen die Kinder schnell, was jetzt ansteht: Zusammensetzen zum Morgenkreis. Zusammenkommen zum Morgenkreis bedeutet für die Kinder, sich auf einen Platz im Kissenkreis zu setzen. Beata hat dafür mit ihren Kolleginnen flache Sitzkissen in Form von Schildkröten und Krebsen beschafft, die spätestens vor dem Morgenkreis in einer Kreisform ausgelegt werden.

Orientierung durch Materialpräsentation verschaffen

„Kommt mal alle, wir machen jetzt Morgenkreis!" Ob wohl alle Einjährigen verstünden, welche Aktion jetzt bevorsteht? Spätestens, wenn sie den Aufruf, zusammenzukommen, aufgrund einer gerade laufenden turbulenten Spielphase weitere Male wiederholen würde, wäre allgemeine Unruhe sicher. Und was mögen sich Ein- oder Zweijährige mit ihrer ichbezogenen Perspektive wohl unter dem Begriff „Kreis" vorstellen? Mit Sicherheit bleibt ihnen der Aspekt verborgen, dass man beim Morgenkreis in einer Kreisform zusammensitzt, die man ja tatsächlich höchstens von der Zimmerdecke aus wahrnehmen könnte. Wie oft werden Krippen- und Kindergartenkinder herumrangiert, weil sie wieder keinen schönen Kreis gebildet haben, sondern so eine Zickzackform …

Damit sich die Kinder nicht nur zwischen aufeinanderfolgenden Programmpunkten hin- und hergeschoben fühlen, damit sie nicht nur auf kaum verständliche sprachliche Aufforderungen der Erzieherin angewiesen sind, nutzen wir als Signale für neue Tagesphasen vertraute, da immer wiederkehrende Rituale in Form von einprägsamen Handlungsabläufen mit immer wieder benutzen Schlüsselgegenständen. Und wir geben wichtigen Programmpunkten einen klar erkennbaren Ort, um so ebenfalls zu signalisieren, was wir nun vorhaben. Immer, wenn Beata das Körbchen und den Kreisel vom Regal holt, beginnt der Kreis. Immer wenn wir im Tier-Kissen-Kreis sitzen, erlebe ich die Spiele und Lieder im Morgenkreis. Auf diese Weise brauchen die Kinder nicht lange, um sich auf die nächste Tagesphase einzulassen, obwohl sie in die nun beendete intensiv vertieft waren.

Praxisbuch Krippenarbeit

Nun sitzen alle Kinder auf „ihrem" Kissen. Beata nimmt als Erstes – auch das ist für die Kinder vertrautes Ritual – den großen Brummkreisel und erzählt, was sie gleich damit tut: „Jetzt werden wir unseren großen Brummkreisel kreisen lassen, und ihr könnt sein Brummen hören!" Sie setzt den Kreisel in Bewegung, und die Augen der Kinder, die vorher noch unruhig auf den Kissen hin und her gerobbt sind, heften sich nun an das faszinierende Farbenspiel, was der immer schneller drehende Kreisel bietet. Das Drehen des Kreisels nachahmend, drehen nun die Kinder ihre Hände im Kreis, je nach Kreiselgeschwindigkeit einmal schneller, einmal langsamer. Andächtig lauschen sie dem tiefen Brumm-Ton. Sie haben es geschafft, von einer quirligen Unruhe zu entspannter Konzentration zu gelangen, um sich nun auf die Lieder und Spiele im Kreis einlassen zu können.

Aktionskorb

In einen guten Aktionskorb gehört für uns: Eine Handpuppe, Klanghölzer, Triangel mit Schlegel, dazu Tuch, außerhalb des Körbchens ein großer Brummkreisel. Weil wir mit den Körbchen täglich den Morgenkreis einläuten, hat sich der Name „Morgenkreiskörbchen" eingeprägt. Aber natürlich setzt die Erzieherin die Inhalte des Körbchens auch in anderen Tagesphasen ein, immer wenn es angebracht ist, das freie Spiel durch eine gemeinsame Aktion zu ergänzen.

Arrangements – Dinge im Zusammenhang anbieten

Die Welt um die Krippenkinder herum ist zu groß, um alles ständig miteinander in Beziehung zu setzen. Kleine, überschaubare Arrangements helfen Kindern, Dinge zu vergleichen:
Im Liederkörbchen drei Stofftiere, die drei Lieder bedeuten, um auswählen zu können. Bei der Steck-Büchse drei verschiedenförmige Löcher, um drei Formen da hineinzuversenken, nicht mehr. Drei verschiedene Umschütt-Tabletts mit variierten Schütt-Instrumenten oder Materialien.
Warum nicht nur eins? Weil die gleiche Tätigkeit, die gleiche Kompetenz erst in der Variation übertragbar wird. Wer nur am Bohnen-mit-Löffel-Umschütttablett üben kann, kann Bohnen mit Löffeln umschütten, ohne zu wissen, ob es auch mit Erbsen und Gabeln funktioniert. Erst in der Variation wird dem Kind bewusst, welche Schwierigkeit generell bei allem Umschütten zu bewältigen ist.

Der Kreis endet. Nach dem Tanzspiel sind die Kissen durcheinandergeraten. Vertrautes Ritual der Kinder ist es, jedes Kissen wieder auf seinen Platz zu tragen oder zu schieben. Und so entsteht tatsächlich eine – jetzt verstehbare – Kreisform: Die Kissen liegen so, dass jedes Kissen zwei Nachbarkissen hat. Die Kissenkette geht einmal herum, hat keinen Anfang und kein Ende.

Farben-Spiele im Atelier

Spielen die Einjährigen Astronauten? Es sieht zweifellos seltsam aus, wie die Kinder nun im Atelier stehen: Gummistiefel an den Füßen, an den Beinen eine Gummihose, bisweilen statt einer Malschürze eine dünne Regenjacke, alles bunt beschmiert. Und die Malpapiere, die von ihren langen Pinseln mit Farbe versehen werden, sind nicht auf dem Tisch oder an der Malwand, sondern auf dem Boden. Renan und Iva „laufen" ihr Bild bunt, indem sie durch dicke Farbkleckse traben und damit Spuren hinterlassen.

5 | Ein Tag in der Krippe:

Hanna liegt vor ihrem Bild, hat sehr viel Farbwasser daraufgekleckert und verteilt das Ganze nun mit ihren Händen. Ihr Gesicht lässt darauf schließen, dass sie – ob nun beabsichtigt oder unbeabsichtigt – von der Farbe gekostet hat.

Wie hat das Atelierangebot begonnen? Bevor die Kinder in den Raum durften, hat Beata den Raum für das Malangebot vorbereitet: Sie hat auf dem Fußboden und an den Malwänden Papiere bereitgelegt und -gehängt, auf dem Boden hat sie vorab eine Unterlage ausgebreitet, um auch zwischen den liegenden Papieren eine allzu starke Verschmutzung des Bodens zu vermeiden.

Geeignete Materialien hat sie auf dem Boden gut sichtbar bereitgestellt: Farben in flachen Bechern, die nicht so leicht umkippen, aus denen die Kinder die Farbe gut entnehmen können. Einen Wassereimer zum – gemeinsamen – Reinigen der Pinsel beim Farbwechsel. Pinsel, Schwämme und andere gut geeignete, größtenteils den Kindern vertraute Malmaterialien. Als die Kinder in den Raum durften, wurden sie mal-gerecht bekleidet. Im Sommer ist es einfacher, sagt Beata, da ziehen wir die Kinder manchmal bis auf die Windel aus.

Malmaterialien für Kleinkinder

- ▶ Fingerfarbe, die auch beim versehentlichen Verzehr unbedenklich ist, verdünnt mit Wasser
- ▶ Als Farbtopf flache, breite Becher, gut geeignet sind flache Gipsmulden aus dem Baumarkt
- ▶ Großer Wassereimer mit sicherem Stand
- ▶ Größere und kleinere Anstreichpinsel mit Stiel in unterschiedlicher Länge
- ▶ Verschiedene Schwämme
- ▶ Kämme, Bürsten, Eiskratzer, Fensterwischer als zusätzliche Malinstrumente
- ▶ Stempel
- ▶ Lackierrollen, Farbwalzen
- ▶ Wachskreiden, Kohlen, dicke Stifte
- ▶ Dickes Papier im Großformat: Am besten 70 x 100 cm, mindestens 120 Gramm Papiergewicht

Gibt es ein Mal-Thema? Wenn überhaupt, dann könnte man es „Farbe beobachten" nennen, oder vielleicht „Alles im Fluss". Manchen Kindern haben Beata und ihre Kollegin noch zeigen müssen, wie man das mit dem Pinsel und der Farbe macht: Eintunken, malen, eventuell in Wasser reinigen, wieder eintunken … Das verstehen die Kinder schnell und können den Vorgang nun auf andere Malwerkzeuge übersetzen, greifen schnell zu Schwämmen und Kämmen und schauen, was diese auf dem Papier für kleine ästhetische Sensationen hervorrufen: Da, wo eben noch nichts war, ist ein dicker roter Punkt, der langsam nach unten größer wird. Wo der rote Punkt vorhin so deutlich zu sehen war, ist nach dem Verwenden des schwarzen Schwammes nichts mehr außer dunkler Finsternis. Manche Kinder beobachten das Fließen und Tropfen der Farbe, die sich beim Malen ergebenden Klecksbilder so gebannt, als verfolgten sie einen Thriller.

„Was malst du?" – Auch bei den ältesten Kindern in der Krippe ist diese Frage meist unangebracht. Um eine gezielte Darstellung von Lebewesen oder Gegenständen geht es Kindern im Krippenalter kaum. Manchmal entstehen allerdings beim Klecksen und Schmieren Formen, die Kinder an vertraute Bilder erinnern: „Ein Gaakgaak!", wird dann ein entenkopfähnlicher Fleck bezeichnet, der nach kurzer Zeit schon wieder uminterpretiert wird: „Ein Wauwau!"

Viele Bildfiguren werden nicht aufgrund ihrer Form, sondern der beim Erzeugen verwendeten Handlung bezeichnet: „Eine Straße!" benennt Alina ihren langen, über das ganze Bild geführten Strich. Straßen und das Herumreisen auf ihnen fühlt Alina derzeit in unterschiedlichsten Formen nach: Im Sandkasten sind es lange Trampelwege, im Spielraum aneinandergelegte Kissen, die eine solche Strecke bezeichnen. Alinas Malverhalten ist typisch für viele Kinder im Atelier: Eigentlich malen sie nicht, sondern spielen ihre Spiele, die sie gerade bewegen, auf dem Papier mit Pinsel und Farbe weiter.

Mitspielen erlaubt: Ausgesprochen gerne gesehen ist es, wenn andere Kinder, vor allem aber die Pädagoginnen, sich in eine Mal-Geschichte einklinken. Während man bei älteren Kindern nicht mehr in die entstehenden Bilder hineinmalen sollte, um eigene Gestaltungsvorstellungen dem Kind überzustülpen, ist es bei den Bildern der Krippenkinder sehr sinnvoll, sich ab und zu auf Farbspiele einzulassen, nicht anders als bei anderen Spielen. Das Mitspielen mit Pinsel und Farbe ermöglicht es nebenher, dem Kind ein paar weitere technische Tricks zu vermitteln, indem die Erzieherin etwa einen Stempel einsetzt („Jetzt springt der dicke Frosch übers Wasser!") oder vorführt, wie die Farbrolle funktioniert („Oh, jetzt kommt ein dickes Auto!").

Jedes Spiel endet mit dem Weglegen der Spielfiguren, jedes Buch wird am Ende zugeklappt. Genauso machen es viele ältere Krippenkinder im Atelier, wenn sie ihre Bilder, nachdem manchmal vier oder fünf Farbschichten übereinandergemalt wurden, am Ende zusammenklappen oder zu einer zerknitterten Rolle formen. Die Mal-Geschichte, die sie gespielt haben, ist damit symbolisch gut sichtbar beendet. Ihr Bild hat für sie danach oft ebenso wenig Wert, wie für uns die leere Kinoleinwand nach Film-Ende. Wenn Eltern später fragen, was das Kind auf dem wild bekleckten Blatt gemalt habe, fällt ihnen meistens nicht mehr ein, um was es ihnen eigentlich dabei ging.

Spuren hinterlassen

Kleinkindern, die Bilder malen, geht es um etwas ganz anderes als malenden Erwachsenen. Statt ein Produkt erhalten zu wollen, ist ihnen am Ende des Maltags das Ergebnis, wenn es denn überhaupt noch existiert, völlig schnuppe. Wie bei anderen ihrer „Untersuchungen" geht es den Krippenkindern auch im Atelier darum, Effekte zu erzielen. Weil sie es begeistert, etwas zu tun, bei dem etwas Sichtbares entsteht: Weil sie mit Farbe und Pinsel Wirkungen erzielen und Dinge erzeugen, die vorher nicht da waren: Der Fleck auf dem Blatt, das vorher weiß war!

Das Erzeugen von sichtbaren Spuren ist für Kleinkinder ebenso faszinierend, wie es für Erwachsene nervend sein kann: Farbflecken, die auf den ersten Bildern des Kindes für Freude sorgen, werden an Wänden und Möbeln, im Haar, irgendwo am Körper nicht so begeistert aufgenommen. Das ist ähnlich wie bei den Fallexperimenten, bei denen der laute Knall beim Herunterschmeißen das werfende Kind begeistern mag, den Erwachsenen hingegen überlegen lässt, ob jetzt nicht ein Punkt erreicht ist, an dem man das Verhalten des Kindes zügeln sollte. Beim Spurenerzeugen mit Farbe und beim Fallenlassen von Dingen kann das Kind schnell eine ziemlich paradox wirkende Feststellung machen: Was manchmal toll ist, ist in anderen Situationen völlig verkehrt. Eben wurde ich für den Ballwurf und das Malen eines Fleckes noch gelobt, und nun werde ich am Esstisch streng angeblickt, weil ich die Tasse

mit ähnlichem Schwung wie den Ball geworfen, den Brei mit ähnlicher Intensität auf den Tisch geschmiert haben.
Zu vermeiden ist es nicht, dass das gleiche Tun in unterschiedlichem Kontext auf verschiedene Weise bewertet wird. Aber es gibt im Atelier – wie im Bewegungsraum beim Ballwurf – die Chance, die Freude am Spuren-Hinterlassen auf ungetrübte Weise zu ermöglichen. Kleckern, schmieren und matschen können, ohne ermahnt zu werden, ohne ständig auf Grenzen achten zu müssen:

Wertvolle Erfahrungsmöglichkeiten auf einem wichtigen sinnlichen Erfahrungsfeld für Kleinkinder! Grundlage für ungetrübten Schmier-Genuss ist aber, dass im Atelier auch wirklich alles ohne ein „Nein" möglich ist. Deswegen ist es entscheidend bei der Gestaltung eines guten Atelierangebotes, vorab intensiv darüber nachzudenken, wie man durch Schutzkleidung und Raumvorbereitung ärgerliche Verschmutzungen von vornherein minimieren kann, um die Freude des Kindes zu maximieren.

Das Ich-Buch

Jule und Lena stehen im Spielraum vor der Stofftaschenwand, wo in zwölf gleich aufgebauten, aber unterschiedlich farbigen Stofftaschen die Ich-Bücher aufbewahrt werden, Alben mit Fotos aus dem Familienkreis des jeweiligen Kindes. Jule versucht gerade, ein Fotoalbum aus der obersten Taschenreihe herauszuholen, und um das schon zu erreichen, hat sie sich ein Puppenbett als Podest herbeigeholt und den Arm ganz lang gemacht. Nach mühsamem Griff mit abgewinkelter Hand hält sie endlich das Buch – nicht ihres, sondern das eines anderen Kindes – in der Hand und blättert es mit gerunzelter Stirn durch.
Lena hat ihr zugesehen, und nun greift sie gezielt in die zweite Tasche der mittleren Reihe, wo sie ihr Büchlein weiß. Mit dem Buch setzt sie sich an den kleinen Spieltisch, gegenüber von Phil, und beim Blättern weist sie mit bedeutungsvoller Mine auf ihr vertraute Gesichter: Da! Papa! Da! Mama! Jule nimmt, angeregt durch dieses Geschehen, „ihr" Buch und trabt zu Hanna, die in der anderen Ecke des Raumes mit Bauklötzen spielt. „Da, dein Mama! Da, dein Papa!" „Mei Mama", entgegnet Jule fast verärgert, „mei Papa".

Eine Brücke zwischen Krippe und Zuhause: Das Ich-Buch

Jedes Kind sollte ein solches Fotoalbum in der Krippe besitzen, möglichst schon seit der Eingewöhnung: Mit den Fotos im Ich-Buch kann das Kind ein kleines Stück seiner Zuhause-Welt mit in den Kindergarten nehmen, und es gibt viele gute Gründe, es ab und zu herauszuholen: Um wenigstens das Gesicht der Familienangehörigen sehen zu können, wenn Heimweh aufkommt; um einer Freundin zu zeigen, wer alles zu mir gehört; um mit oder ohne Worte der Erzieherin von daheim zu erzählen.
Wie man aus der Geschichte von Jule, Phil und Lena entnehmen kann, kann das Buch sogar Kindern, die kaum sprechen können, als Sprachanlass dienen – über ein Thema, das über das gemeinsam Erlebte in der Krippe hinausgeht: Jule und Hanna unterhalten sich in einfacher Form über Hannas Eltern, die nicht anwesend sind!

Das Ich-Buch stellen die Eltern her, bevor oder während das Kind in den Kindergarten eingewöhnt wird. Schon hier ist es sinnvoll, aus dem Herstellen eine gemeinsame Aktion mit pädagogischem Hintergrund zu machen: Wenn mehrere Kinder zur gleichen Zeit eingewöhnt werden, könnte das Herstellen des Ich-Buchs als Nachmittagsangebot beim Kennenlern-Tag angeboten werden. Oder das eingewöhnende Elternteil stellt das Buch mit Unterstützung der Erzieherinnen her, während das Kind bei der Eingewöhnung die ersten Stunden ohne Eltern ausprobiert.

Als Grundlage für das Ich-Buch eignet sich ein einfaches Einsteck-Fotoalbum. Die Seiten müssen vom Kind schon gut umzublättern sein, weswegen es unter Umständen sinnvoll ist, auf die Rückseite der Fotos eine stabilisierende Pappe einzustecken. Damit die Erzieherin bei kleinen Kindern fragen, erklären und auffordern kann, bestimmte Seiten zu zeigen, sollten Eltern stichwortartig notieren, wer auf den Bildern zu sehen ist: „Das ist also deine Schwester Fine! Und wo ist deine Mama?" Welche Bilder eignen sich für das Ich-Buch? Fotos vom engsten Familienkreis, daneben aber auch Bilder von Lebenssituationen oder Gegenständen, die dem Kind besonders wichtig sind. Wo bewahren wir das Ich-Buch auf? Bewährt haben sich Einstecktaschen als Wandbehang, wie auf dem Foto S. 30/31 zu erkennen. Gerne übernehmen viele Eltern die Aufgabe, ein solches „Stoffregal" zu nähen.

Das bin ich und das gehört zu mir:
Ein Ich-Buch bringt ein Stück Zuhause in die Krippe.

Durchkriechen, draufsteigen, runterrutschen, schaukeln:
Der große Bogen

Einjährige lieben Kriech-Erlebnisse: Sich durch Stuhlbeine unter dem Tisch durchzuwinden, schlängelnd durch ein Pappkartonhaus zu gelangen, bereitet Kindern in diesem Alter keine Platzangst, sondern stellt offenbar eine besonders spannende Herausforderung dar. Beata bietet den Kindern immer wieder neue Anlässe, dieses Hindurchzugelangen zu üben, indem sie zur Freispielzeit Parcours aus den Möbeln im Raum aufbaut.

Heute verwendet sie ein Material, das eigens zu diesem Zweck hergestellt ist: Der große Holz-Regenbogen, dessen einzelne Halbbögen sie nun in Form einer immer enger werdenden Tunnelstrecke aufbaut, sieht eigentlich aus wie ein stark vergrößertes Zusammensteck-Spiel. Die Kinder beginnen schnell, durch den Bogen-Tunnel zu kriechen, um sich am Ende der Strecke erstaunt umzusehen: Hier bin ich!

Für die größeren Kinder der Gruppe stellt auch das Auf- und Umbauen des Bogentunnels eine interessante Herausforderung dar: Schaffe ich es, das große Holzteil fortzubewegen? Ebenfalls beliebt ist das Hinaufwälzen über die Seite der Bögen. Geschickte Kinder können auf der anderen Seite wieder hinabrutschen. Oder sogar eines der kleineren Bogensegmente nutzen, um damit wie auf einem Schaukelpferd zu wippen.

Lieder und Gesten läuten Handlungen ein

„Hände wollen wir jetzt waschen, bevor wir leckres Essen naschen ..." Beata singt die nächste Tagesphase ein: Das Mittagessen mit dem vorherigen Händewaschen. Die ins Spiel vertieften Kinder drehen schnell ihre Köpfe zu Beata.

Für alle wichtigen Tageszeiten kennt sie solch ein Lied: Manchmal ist es eine selbst erdachte einfache Liedfolge, manchmal verwendet sie auch ein bekanntes, zum Thema passendes Lied. Beata begleitet ihren Gesang mit deutlicher Mimik, vor allem aber einer den Kindern vertrauten Gestik: Sie reibt zur Ankündigung des Händewaschens ihre Hände im Takt zu ihrer Zeile aneinander.
Begeistert nehmen einige der Kinder diese Handbewegung auf, während sie nun Richtung Badezimmer laufen.

Orientierung durch handlungsbegleitete Lieder verschaffen

„Jetzt müssen wir noch Hääännnde waaschennn!" Erwachsene gehen intuitiv dazu über, Schlüsselwörter in ihrer Aufforderung lang zu ziehen und besonders deutlich auszusprechen. Sinnvoller Hintergrund ist, dass Kleinkinder, auch wenn sie den Satz nicht ganz verstehen, die betonten Schlüsselwörter richtig deuten können. „Hääännnde waaschennn!" bedeutet, ab ins Bad, Ärmel hochschieben und vielleicht schon selbst Wasser andrehen.
Klanglich überzeugender und einprägsamer ist das Arbeiten mit Liedern.

In der ostdeutschen Krippenpädagogik sind eine große Anzahl solcher handlungsbegleitenden oder handlungseinleitenden singbaren Verse entstanden, die sich immer noch hervorragend einsetzen lassen. (Gewiss sollten die vorhandenen Texte vor Gebrauch kritisch überprüft werden, ob das darin vermittelte Menschen- und Rollenbild noch zeitgemäß ist und einem wertschätzenden Umgang mit Kindern entspricht!)

Gerdas Hände sind sauber, aber unterhalb ihrer Nase läuft der Rotz hinab. Wenn Gerda darauf angesprochen wird, dreht sie reflexartig den Kopf weg. Beata kniet sich vor Gerda und sagt: „Jetzt muss ich dir aber mal die Nase putzen. Machst du mit?" Beata schnaubt, Gerda macht es ihr nach, und aus dem unangenehmen Reinigen des Gesichts ist ein Spaß geworden.

Nach Ankündigung und von Angesicht zu Angesicht

Naseputzen, Lätzchen umbinden, Mütze aufsetzen: Mit Krippenkindern wird viel gemacht. Je jünger sie sind, umso mehr sind sie auf unsere Hilfe angewiesen. Gerade besonders umsichtige Krippenerzieherinnen sind gut darin, schnell zu reagieren, wenn ein Näschen läuft, haben in Windeseile alle Lätzchen umgehängt, damit das Mittagessen zügig beginnen kann. Wo ist das Problem? Etwas wird mit mir gemacht. Meine Körpergrenzen werden berührt, ohne dass ich es vorher ahnte. Plötzlich wird mir von hinten etwas um den Hals geworfen, plötzlich hält mir jemand ein Tuch an die Nase und wischt in meinem Gesicht herum. Wie es sich anfühlt, wenn etwas gegen den eigenen Willen mit einem gemacht wird, ist vermutlich für große und kleine Menschen ziemlich gleich. Auch Unter-Einjährige reagieren mit Erschrecken, erhöhtem Hautwiderstand, wenn ihre körperlichen Grenzen missachtet werden. So albern es klingt:

Manchmal müssen Erzieherinnen lernen, nicht nur die laufende Nase, sondern das ganze Kind wahrzunehmen. Und mit diesem kleinen Menschen Kontakt aufzunehmen, also Blickkontakt aufzunehmen und zu kommunizieren: „Darf ich dir die Nase putzen? Oder willst du es selbst machen? Schau, ich wische die Nase mit dem Tuch hier ganz schnell sauber. Prima, du hast gut geholfen!" Gewiss sind das fast dreißig Worte in vier Sätzen, aber keines zuviel. Gewiss dauert es so auch länger, alle Kinder mit Lätzchen zu versehen. Aber jede körperliche Annäherung braucht Kommunikation, auch wenn es nur um Nasepopel oder Lätzchen geht, auch wenn es „nur" um ganz kleine Menschen geht, die scheinbar noch nicht viel mitbekommen.

Krippenkinder sind hochkonzentriert beim Tun und werden daher ungern dabei gestört.

5 Ein Tag in der Krippe:

Satt werden und essen lernen

Mit großem Lätzchen sitzen die Kinder am Essenstisch. Beata stellt die Schalen mit dem Essen auf den Tisch und verkündet: „Hmmm, es gibt Kartoffelbrei und Möhren! Und Soße!" Aufgeregt verfolgen die Kinder, wie ihnen das Essen aufgetan wird.

Alina ächzt angestrengt, denn was sie vorhat, ist für sie nicht einfach: Erst den Löffel unter den Kartoffelbrei führen, dann beim Anheben die pappige Masse trennen, ohne durch zu viel Schwung alles in die Luft zu schleudern, danach den Löffel in dem Bogen zum Mund führen, ohne ihn zu schräg zu halten, endlich mit Lippen und Zunge die Speise vom Löffel in den Mund zu befördern – geschafft! Erst, als Alina mehrere Löffel Kartoffelbrei auf eine für sie zufriedenstellende Weise in den Mund befördert hat, kann sie sich eine „echte" Mahlzeit gönnen: Schnell mit den Fingern viele Möhrchen gepackt, in den Mund gesteckt, gegessen!

Essen als Motorik-Training

Es gibt gerade bei den Einjährigen unterschiedlichste Formen des Essens: Manche Kinder scheinen gleichermaßen hungrig wie geschickt zu sein, denn sie verputzen große Portionen durch virtuosen Umgang mit dem Löffel. Viele andere scheinen sich entscheiden zu müssen: Jetzt essen und nachher löffeln oder andersherum? Tatsächlich beobachten wir, dass die meisten Kinder gerne üben, mit Löffel und Gäbelchen zu essen. Weil dieses oft noch zu pannenreich abläuft, essen viele Kinder zwischendrin mit den Fingern weiter. Gegenüber Eltern, die dieses monieren, argumentieren wir: Ihr Kind hat beide Ziele verstanden: Es sorgt selbst dafür, dass es löffeln lernt, und es sorgt dafür, dass es satt wird. Warum befürchten, dass es damit keinen Erfolg hat?

Jeder Schritt will geübt sein: Für das Essenlernen brauchen Kinder vor allem Zeit und Geduld der Erwachsenen.

Motorik-Übung statt Benimm-Formung

Essen ist ein elementarer Lebensprozess. Kein Wunder, dass kleine Menschen, die wie alle anderen höheren Lebewesen quasi auf das Erreichen von Selbstständigkeit programmiert sind, gerade beim Essen einen hohen inneren Antrieb zeigen, es selbstständig hinzubekommen. Da wichtige Lernprozesse immer über Nachahmung von größeren Vorbildern ablaufen, ist auch die Befürchtung unwahrscheinlich, Kinder könnten sich unwiderruflich Formen des Essens angewöhnen, die für uns Große ungesittet sind: Ohne Essbesteck, mit dem Kopf am Teller, schmatzend und schlürfend.

Weil Essen andererseits so ein zentraler Lebensvorgang ist, ist auch das Beherrschen der dafür nötigen Techniken bei Kindern mit großen Stolz verbunden: Kinder wollen gerade dafür gelobt werden, was sie hier schon können.

Erzieherinnen und Eltern, die beim gemeinsamen Essen mit Kleinkindern ständig auf Defizite hinweisen, statt das Kind zu loben, machen einen bösen Fehler: Ihr Ruf „Nicht mit den Fingern, du kannst es doch sonst besser" ist nicht nur unnötig: Jedes Kind lernt irgendwann den perfekten Umgang mit Besteck, auch wenn es anfangs noch lieber mit Fingern isst. Er ist auch demotivierend: Gerade beim Thema „Essen" wollen Kinder Lob erfahren auf das, was sie schon können. Essen macht keinen Spaß, wenn man ständig darauf hingewiesen wird, was man noch nicht perfekt kann.

Natürlich macht es Erzieherinnen stolz, wenn sie Eltern mitteilen können, dass ihr Kind „sich gut entwickelt" und „ordentlich reinhaut" beim Essen, sichtbares Zeichen für allgemeines Wohlbefinden. Aber gute Pädagoginnen wissen genauso, dass schon Kleinkinder viele subjektiv gute Gründe haben, nicht viel oder nichts zu essen.

Wie und womit essen? In der Altersgruppe der Einjährigen verwenden wir in der Regel Plastikteller, Trinklernbecher und Löffel. Auch jüngeren Kindern gelingt es in aller Regel schnell in der Gruppe, vom heimischen Gefüttert-Werden zum Selberessen mit dem Löffel umzuschalten, und dieser Schritt ist bei den meisten Kleinen mit Stolz besetzt. Manchmal beobachten wir, dass im Umgang mit Trinklernbecher und Löffel jede Gruppe Besonderheiten hat: Die Sonnenkäfer nehmen fast alle den Becher in die linke Hand, während die Bärenkinder erst den Löffel ablegen, um mit beiden Händen zu trinken. Das zeigt deutlich, wie Kinder durch die Nachahmung voneinander lernen: Ko-konstruierend erschließen sie sich die Welt um sie herum, indem sie miteinander die Welt der Großen nachahmen.

*Kann ich beim Austeilen helfen?
Schon kleine Kinder möchten mitmachen,
statt alles vorgesetzt zu bekommen.*

Das Schlafkörbchen

Eine halbe Stunde später liegen die Kinder auf ihren Matratzen, bereit zum Mittagsschlaf. Beata holt wie jeden Tag das Schlaflied-Körbchen aus dem Regal. Im Körbchen befinden sich derzeit drei Plüsch-Figuren: Ein Mond, ein Stern und ein Schaf. Jeder Gegenstand symbolisiert ein Lied: „Lalelu (Nur der Mann im Mond …)", „Sieh nur die Sterne" sowie „Schlaf, Kindlein, schlaf".
Jeden Tag darf sich eines der Kinder ein Symbol und damit das entsprechende Lied aussuchen. Rafi wählt das Schaf aus, Beata hält das Symbol hoch und beginnt, das entsprechende Schlaflied dazu zu singen. Danach wird sie wie jeden Tag allen „Schlaf gut" wünschen, und die Ruhezeit beginnt.

Die Kinder nahmen das Ritual des Schlaflied-Körbchens schnell an, nicht nur in Beatas Gruppe ist es ein fester Bestandteil im Tagesablauf geworden. Erzieherinnen berichten, wie fixiert die Kinder auf die ihnen bekannten und mit dem Symbol verbundenen Lieder sind: Dies wurde deutlich, als Beatas Kollegin eine Symbolfigur, von dem sie das Lied nicht kannte, aus dem Körbchen nahm, bevor sie es den Kindern gab. Die Kinder protestierten und bestanden auf dem fehlenden Symbol.

Mitreden ohne Worte

Auch wenn sie es kaum oder noch gar nicht aussprechen können: Kleinkinder haben natürlich Lieblingslieder, und sie wollen auch nicht immer das gleiche Lied hören. Das Ritual mit dem Schlaflied-Körbchen ermöglicht den Kindern, ihre Wünsche zu artikulieren: Durch Auswählen der Symbolfigur können sie ohne Worte „ihr" Lied wünschen. Die begrenzte Auswahl an Figuren – nicht mehr als drei, bei größeren Kindern vielleicht vier oder fünf Symbole – bietet den Kindern überschaubare Auswahlmöglichkeiten, die sie nicht überfordern. Wie oft sollte man Symbol und Lied wechseln? Empfehlenswert ist, eher selten ein Lied gegen ein neues auszutauschen, vielleicht, wenn dieses deutlich weniger gewünscht wird. Denn beim Schlaflied geht es uns nicht um die Vermittlung eines möglichst umfangreichen Repertoires an Musikstücken, sondern um das Kreieren eines vertrauensvollen, beruhigenden, Sicherheit schaffenden Rituals zum Einschlafen.

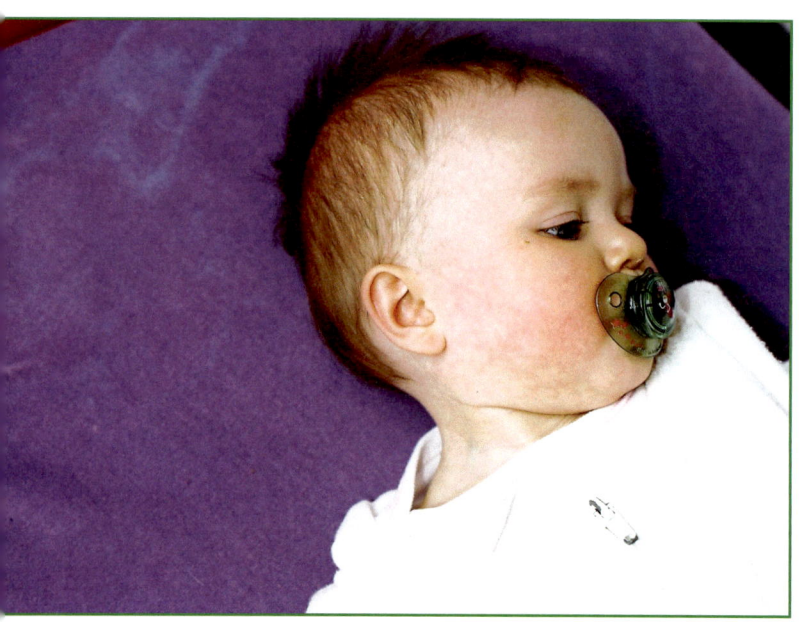

Einschlafen – nach dem Schlafkörbchenritual kein Problem!

Kapitel 6

Aktionstabletts:

Rätsel für Wahrnehmung und Motorik

Aktionstabletts

Jedes Tablett bietet eine Aufgabenstellung.

Aktionstabletts erlauben den Rückzug aus dem Geschehen und dem Materialangebot hin auf eine konkrete Aufgabenstellung.

Aktionstabletts sind für alle Aktivitätsmuster von Kleinkindern sinnvoll und werden begeistert aufgenommen, wenn sie Aktivitäten von Kleinkindern, die sie entwicklungsbedingt besonders reizen, aufgreifen und durch passendes Material bereichern. Aktionstabletts können gerade bei solchen Aktivitäten von Kindern eingesetzt werden, die normalerweise zu gefährlich oder zu verschmutzungsintensiv wären: Durch ein Umschütttablett können Kinder das Umschütten von Substanzen üben, ohne dass nachher der Badezimmerfußboden „schwimmt", ein Tablett mit Steckerchen greift das Interesse des Kindes am Hineinstecken von Dingen in die Steckdose in einer ungefährlichen Form auf.

Die Spielhandlungen des Tabletts – genauso wäre auch die Bezeichnung „Aufgabenstellung" für die jeweils angestrebte Benutzungsweise des Tabletts denkbar – sollten immer in mehreren Schwierigkeitsgraden pro Thema angeboten werden.

Hat ein Kind erst einmal das Prinzip eines – einfachen – Tabletts begriffen und ist routiniert in seiner Benutzung, dann stellt es einen interessanten Anreiz dar, wenn die gleiche Grundaufgabe nun in einer schwierigeren Form angeboten wird: Neben einer Steckbüchse mit einem großen Loch, die das Kind schon gut zu bespielen weiß, gibt es eine weitere mit verschiedenförmigen Öffnungen, die das Kind dazu bringen, nicht nur über die richtige Einsteckrichtung nachzudenken, sondern auch das Steckmaterial nach Formen sortiert einzustecken.

Für die Aktionstabletts gelten Regeln der Benutzung, die vor allem durch das Vorleben durch die Erzieherinnen etabliert werden. Wichtigste Regel ist: Die Dinge auf dem Tablett gehören zusammen, und sie werden nicht mit anderen Materialien vermengt. So wie man die Spielsteine des einen Spiels nicht für das andere einsetzt.

Alles, was mit den Materialien auf dem Tablett möglich ist, werden die kleinen Kinder wohl auch damit tun. In diesem Sinne kann es also nicht funktionieren, wenn die Pädagoginnen durch Eingreifen nur eine bestimmte Handlung zulassen, sondern sie müssen das Tablett so klug konzipieren, dass die erwünschte Spielhandlung gleichzeitig auch die sinnvollste und interessanteste Übung mit dem angebotenen Material ist.

Zweite Regel ist: Wenn möglich, sollte zum Benutzen des Tabletts auch dazugehören, den Ursprungszustand wieder herzustellen: Nachdem Dinge sortiert wurden, werden sie wieder zusammengekippt. Natürlich kann auch diese Regel, die den Bedürfnissen der benutzenden Kinder oft sehr entspricht, nur durchgesetzt werden, indem irgendwann das Zurückbauen des Tabletts einfach zum Spielablauf dazugehört.

Aktionstabletts sind unterteilt. Fester, am besten hölzerner Rand, nicht höher als zwei bis drei Zentimeter. Weil die Tabletts nicht auseinandergenommen und ihre Bestandteile anders verwendet werden sollen, ist es sinnvoll, die vertrauten und besonders beliebten Bauteile zusätzlich noch in weiterer Form anzubieten.

Jede Eigenschaft des Tabletts, und sei sie auch noch so zufällig, führt zu einer bestimmten Benutzungsweise. Wollen wir etwa, dass das Kind das Tablett von allen Seiten benutzen kann und wird, darf es keine Hauptseite und Nebenseite geben – etwa, weil es Griffe hat, die das Kind als Seitenwand interpretiert – sondern muss von allen Seiten aus gleich gut benutzbar sein.

Wie viele Tabletts sollten gleichzeitig angeboten werden? Wenn die Entwicklungsstände innerhalb einer Gruppe nicht sehr weit auseinanderdriften, dürften drei unterschiedliche Tabletts angemessen sein, um die Kinder nicht durch Vielfalt zu irritieren. Es empfiehlt sich, immer mal wieder eines der drei Tabletts durch ein neues zu ersetzen, um einige vertraute Handlungen weiter üben zu können, aber auch neue und schwierigere Aufgabenstellungen vorzufinden.

Dass ein Tablett durch ein schwierigeres oder eines mit komplett anderer Aufgabenstellung ersetzt werden muss, zeigt sich vor allem in der Beobachtung der Kinder bei der Benutzung der Tabletts, wenn eines kaum noch verwendet wird.
Viel aufschlussreicher ist jedoch, wenn Erzieherinnen im Alltagshandeln der Kinder gehäuft Tätigkeiten entdecken, die in Form eines Tabletts aufgegriffen werden können. Aktionstabletts ahmen alltägliche Verrichtungen nach, um sie gezielt üben zu können. Sie ersetzen aber nicht die Anwendung der geübten Kompetenz im Alltag!

Das meint: Können Kinder nach begeistertem Üben mit dem Umschütttablett schon recht erfolgreich Flüssigkeiten und ähnliche Substanzen umschütten, sollten sie dieses auch in entsprechenden Alltagssituationen tun können: Beim Eingießen des Tees, beim Auftun der Suppe oder Ähnliches.

Aktionstablett „Umgießen fließender Stoffe"

Das Umgießen von Flüssigkeiten oder ähnlichen Substanzen fasziniert Kinder nicht nur, weil sie dieses als eine der zentralen Tätigkeiten von Erwachsenen im Haushalt begreifen, an der sie gerne mitwirken möchten. Umgießen beinhaltet das elementare Experiment des Fallen-Lassens, weil die Flüssigkeit oder der körnige Feststoff durch Kippen zu einer Abwärtsbewegung veranlasst wird. Ebenso faszinierend ist die Veränderung, die gleich mit zwei Gefäßen vor sich geht: Das eine voll, das andere leer – schwupp – plötzlich ist es andersherum! Feinmotorisch herausfordernd ist zudem die von den Kindern in der Regel von sich aus entwickelte Aufgabenstellung, möglichst wenig zu verschütten.

Ein geeignetes Schüttmaterial für Umschütt- und Umgießtabletts ist Grieß, denn er erfüllt mehrere Auswahl-Kriterien: Er ist feinkörnig und rutscht gut, fließt fast wie eine Flüssigkeit. Er hinterlässt keine nassen Flecken – ansonsten wäre Wasser natürlich geeignet. Und er kann bedenkenlos gegessen werden – unbedenklicher als der viel genutzte Vogelsand. Als Gefäße eignen sich transparente Plastik-Gläser mit Ausguss-Tülle.

Augenmaß und eine ruhige Hand: Umschütten will geübt sein.

6 | Aktionstabletts:

Während ein einfaches Tablett mit zwei gleichgroßen Plastikgefäßen und Grieß auskommt, könnte einer der erhöhten Schwierigkeitsstufen ein Tablett mit einem großen und zwei kleinen Gefäßen sein, bei dem die Kinder die Aufteilung der großen Menge in zwei kleinere erfahren können.

Auch die Verwendung eines Trichters erhöht den Reiz, denn nun können die Kinder statt des schnellen Umschüttens das allmähliche Hinuntersinken des umgeschütteten Materials erfahren. Obwohl schwer zu beschaffen, empfehlen wir die Verwendung eines transparenten Trichters, in dem das Hinabsinken des Grießes auch von der Seite wie bei einer Sanduhr beobachtet werden kann.

Eine weitere Variationsmöglichkeit wäre die Hinzufügung eines Kaffeemesslöffels, mit dem die Kinder nun den Umschüttvorgang in kleinen Teilmengen erleben können.

Aktionstablett „Umfüllen kleiner Gegenstände"

Um das Umfüllen und Fallenlassen geht es auch bei diesem Tablett, aber statt des fließenden Materials Grieß sind nun die daraus bestehenden (natürlich ungekochten) Nudeln Transportgut: Sie werden bei diesem Aktionstablett von einem ins andere Gefäß befördert. Herausforderung und Trainingseffekt ist hierbei, einen kleinen Gegenstand – hier eben die Nudel in Spiral-, Röhren- oder Muschelform – per Hand oder mit Löffel zu greifen und einzeln in ein anderes Gefäß zu bekommen.

Die wohl einfachste Variante besteht aus einem Schälchen und einem offenen Schraubglas. Im flachen Schälchen befinden sich anfangs die Nudeln, und mit vorsichtigem Pinzettengriff kann das Kind sie greifen und in die Öffnung des Schraubglases fallen lassen, bis alle Nudeln hinübertransportiert sind und durch Zurückkippen wieder im Schälchen landen.

Einen veränderten Schwierigkeitsgrad bewirkt das Hinzulegen eines Teelöffels: Nun müssen die Nudeln gelöffelt werden, was eine hervorragende Übung für das Essen mit dem Löffel ist.

Sowohl beim Tablett mit oder ohne Löffel kann der Schwierigkeitsgrad erhöht werden, wenn statt des einfachen Schraubglases etwa ein hohes, schmales Olivenglas verwendet wird, denn nun muss die Öffnung genau getroffen werden.

Durch das Hinzunehmen zweier weiterer Schraubgläser und zweier weiterer Nudelsorten wird aus dem Umschütt- ein Sortiertablett: Ohne große Aufforderung beginnen die Kinder nun meist, verschiedene, zunächst miteinander im Schälchen vermischte Nudelsorten in verschiedene Gläser zu füllen. Natürlich ist es wichtig, immer die gleiche Anzahl an Nudelsorten wie Schraubgläsern bereitzustellen.

Zuschauen, wie Erbsen durch den Trichter rieseln: Auch die Schwerkraft untersuchen Kinder bei diesem Tablett.

Aktionstablett „Steckbüchse"

Zuordnen, fallen lassen, verschwinden lassen: Diese drei elementaren Experimente greifen die Aktionstabletts mit Steckbüchsen auf. Sie sind schnell hergestellt aus Espressobüchsen mit weichem Plastikdeckel: Die Wand der Büchse wird kaschiert oder bemalt, in den Plastikdeckel werden Löcher zum Durchstecken geschnitten. Auf dem Tablett werden entsprechende Gegenstände zum Durchstecken angeboten.

Als einfache Einsteigervariation bieten sich Büchsen mit weichem Plastikdeckel (Espresso-Dosen) an: In den Deckel wird mit dem Cutter ein großes X eingeschnitten. Durch diese Öffnung können die Kinder fast alle Formen von Gegenständen hineindrücken und verschwinden lassen. Ebenso können sie in die Öffnung hineinfassen und Gegenstände in der Büchse ertasten oder wieder herausholen, um von Neuem zu beginnen.
Zur Erhöhung des Schwierigkeitsgrades ist es sinnvoll, statt der flexiblen X-Öffnung nun ein etwa euromünzengroßes rundes Loch in den Deckel zu schneiden, durch das nun nur passende Objekte gesteckt werden können, beispielsweise Korken und runde Holzbausteine. Einen erhöhten Schwierigkeitsgrad bieten bei dieser Form der Dose weiche Steckmaterialien wie Schwammstücke, dicke Schnüre und Tücher, die somit nicht nur gesteckt, sondern auch gestopft werden müssen. Gebogene Steckmaterialien müssen beim Stecken vorsichtig gedreht werden. Wird zusätzlich zum Einloch-Deckel auch noch ein Deckel hergestellt, in dem eine dreieckige und eine quadratische Öffnung die kreisrunde Öffnung ergänzen, kann das Kind üben, verschiedenförmige Bausteine einzelnen Löchern zuzuordnen. Natürlich könnte man auch drei unterschiedlich gelochte Dosen bereitstellen.
Das Spielen mit der Steckbüchse ist nicht nur taktil interessant: Wenn Gegenstände unterschiedlichen Materials in die Blechbüchse plumpsen, ergeben sich unterschiedliche Geräusche. Insofern ist es auch interessant, beim Einfüllmaterial auch auf die zu erwartenden Geräusche zu achten: Holzkugeln klingen anders als große Murmeln …

Eine Dose, ein Deckel mit Loch, drei Dinge: Fertig ist die Steckbüchse.

Aktionstablett „Steckplatte"

Das Hineinstecken von Dingen in Öffnungen fasziniert Kleinkinder auch, wenn dadurch eine feste Verbindung entsteht. Viele hochgefährliche Versuche von Kindern, Stäbe oder Drähte in Steckdosen hineinzubekommen, haben genauso wie das bekannte Herumbohren mit Schlüsseln in Schlüssellöchern damit zu tun, das Kleinkinder Steckverbindungen mit Passform lieben.

Auch fertig gekaufte Steckspiele eignen sich für Aktionstabletts gut.

Aktionstablett „Puzzle", „Steckturm", „Manipuliergerät"

Ist das Tablett erst einmal als fest umrissenes Spielangebot für ein oder zwei Kinder eingeführt, bietet es sich an, auch bekannte Spielformen wie einfache Puzzle, Stecktürme oder Manipuliergeräte in dieser Form als Tablett anzubieten. Die für die Tabletts geltenden Regeln („Nicht mit anderem Spielzeug mischen, wieder zurückstellen") können dann automatisch auf diese Spielgeräte übertragen werden, genauso wie die eigene Haltung zu dieser Form der Beschäftigung, nämlich Konzentration auf eine bestimmte motorisch – kognitive Aufgabe.

Während eine einzige Lochgröße und eine Stecker-Größe den einfachsten Schwierigkeitsgrad darstellen, können auch hier Varianten durch unterschiedliche Lochgrößen und Stiftdicken erzeugt werden. Anders als bei der Steckbüchse, in der es dem Benutzer egal ist, ob etwas gerade so durch die Öffnung passt oder sehr viel Platz hat, kommt es beim Steckbrett darauf an, eine möglichst passende Lochgröße zu finden, damit das Hineingesteckte fest verbunden wirkt. Was eignet sich zum Hineinstecken? Federn, kurze Stifte, kleine Klinkenstecker von Computerkabeln … Lange, stabile Steckgegenstände sind ungeeignet, um die Gefahr des Darauffallens und Stechens zu vermeiden.

Aktionstablett „Malen"

Ein Papier, dicke Stifte oder Wachskreiden: Auch für malerische Aktivitäten eignet sich das Prinzip des Aktionstabletts. Hier ist im größeren Teilbereich des Tabletts Platz für ein DIN-A4-Blatt, im kleineren Teil liegen die Stifte. Das Tablett bietet gegenüber dem Malen direkt auf dem Tisch den Hauptvorteil, dass bei entsprechend passender Größe des Faches zum Blatt dieses nicht verrutschen kann, weil es überall von den Tablettkanten umrahmt ist. Dieser Rahmen gibt dem Malen des Kindes Begrenzung, die direkt auf dem Tisch nicht gegeben wäre. Es kann nun Kritzeleien und Striche erzeugen, die von einer Kante bis zur anderen reichen, ohne dass es den Untergrund mitbemalt, ohne dass das Papier dabei herumgeschoben wird.

Der Schwierigkeitsgrad wird nun bestimmt durch die Art und Farbvariation der Stifte: Ein einfaches Tablett bietet nur eine Farbe, ein besonders anspruchsvolles mehrere Formen von Malmaterialien in mehreren Farben.

In jedem Fach eine Aufgabe: Am Aktionstablett-Regal erfahren die Kinder Ordnung.

Kapitel 7

Ein Tag in der Krippe:
Die Zweijährigen

7 | Ein Tag in der Krippe:

Naive Alleskönner:
Menschen im dritten Lebensjahr

„Karin ist bei die Babys." Die zweieinhalbjährige Una verwendet diese Worte, um dem Besucher mitzuteilen, dass ihre Erzieherin gerade bei der Gruppe der einjährigen Kinder ist, die in der Krippe im Nachbarraum zu Hause sind. Unas Formulierung verrät viel darüber, wie sich das Leben für ein zweijähriges Krippenkind anfühlt:

Die kleineren Krippen-Kinder gehören für sie in eine andere Kategorie Mensch, der sie nicht mehr angehört. Una kann im Unterschied zu diesen nicht nur verstehbare Worte sprechen, sondern auch routiniert mit Fremden und Unbekannten Kontakt aufnehmen und diesen sogar weiterhelfen, wenn sie eine Frage haben. Una kann sich auch räumlich orientieren, denn sie kann beschreiben, wo der Raum der Babys ist.

Kinder zwischen zwei und drei Jahren wirken in reinen Krippen wie Schüler der obersten Klasse in der Schule: Alte Hasen, die sich auskennen, die so viel Einblick in den Ablauf haben, dass sie ihren Betreuern schon fast assistieren können. Es scheint ihnen sehr gut zu tun, zum ersten Mal im Leben eine solche Stellung einnehmen zu können.

Alleskönner haben wir die Zweijährigen in der Überschrift genannt, denn tatsächlich gibt es im Vergleich zu älteren Kindergartenkindern auf den ersten Blick wenig Fähigkeiten, über die Zwei- bis Dreijährige nicht schon in Ansätzen verfügen: Zweijährige wissen, dass sie viele Dinge können, und ihr großes Bedürfnis besteht darin, diese Kompetenzen zeigen und anwenden zu können.

„Nachmacher" haben wir die Einjährigen genannt. Ein Jahr später sind aus ihnen eindeutig „Mitmacher" geworden: Das Nebeneinander der Einjährigen hat sich zum Miteinander entwickelt. Ziemlich für sich beobachten die Kleinen Gesten, Handlungen und Äußerungen ihrer Altersgenossen, um sie eventuell in ihr Repertoire zu übernehmen, während die Kinder zwischen zwei und drei viele Dinge gemeinsam entdecken: Die Anfänge dessen, was Pädagoginnen als Ko-Konstruktion bezeichnen, sind deutlich zu sehen: Die ältesten Krippenkinder versuchen, die Welt zu verstehen, enträtseln die Bedeutung all der Dinge um sie herum, indem sie sich zum Forscherteam zusammenschließen, indem sie ausprobieren, vormachen, nachmachen, anregen und sich über sehr vieles gemeinsam freuen. So entsteht um sie herum eine unverwechselbare Gemeinschaft.

Selim ist immer böse, Anna heult schnell, Lisa ist die beste Freundin für alle: Ganz allmählich ist aus den vielen Einzelwesen ein soziales Gefüge geworden. Die Gruppe ist in ihrem Entwicklungsstand so weit, dass es jetzt eine Herausforderung für die Pädagogin ist, dafür zu sorgen, dass sich alle in der Gemeinschaft gleichermaßen akzeptiert, respektiert und geliebt fühlen.
„Ich habe mich schon immer als Außenseiter in der Gruppe gefühlt":
Gelingt es Pädagoginnen, schon jetzt alle Kindern ein gutes Gefühl der Akzeptanz zu vermitteln, sind schon entscheidende Weichen gestellt, um diesen Satz nicht fühlen zu müssen.

Frühstückszeit!

Komm, hilfst du mir Tischdecken? Karin, die Bezugserzieherin der „Schmetterlinge", lädt Alina, Lika und Sedat ein, das Frühstück vorzubereiten. In der Cafeteria ist der Tisch noch nicht gedeckt, aber auf der Anrichte stehen schon Schälchen mit Frühstückszutaten bereit. Wir brauchen zu jedem Platz einen Teller, ein Messer, einen Becher, erklärt Karin. Alina sagt „Ich mach Messer" und geht zum Schubfach, wo das laminierte Foto vom Besteck draufklebt.

Beschriftungen/Bebilderungen

Tischdecken macht schon kleinen Kindern Freude. Vor allem macht es den tischdeckenden Kindern Spaß, eine bestimmte Ordnung herzustellen: Für jedes Kind ein Teller, ein Besteck, ein Becher. Ordnung herstellen: Keimzelle für mathematisches Denken!

Um eine bestimmte Ordnung herzustellen, müssen die Kinder eine andere Ordnung erfahren: Alle Besteck- und Geschirrteile haben einen bestimmten Aufbewahrungsort. Damit die Kinder ihn leicht finden, ist es sinnvoll, an die geschlossenen Schranktüren Abbildungen des Innenraums zu kleben.

Gute Frühstückszutaten für Zweijährige

- ▶ Kunststoffteller, Tasse
- ▶ Messerchen zum Schmieren-Üben
- ▶ Ein Teller mit Brotscheiben, nun nicht mehr klein geschnitten
- ▶ Ein Teller mit Streichwurst und Schmierkäse – zum Schmieren-Üben
- ▶ Ein Teller mit Butterflocken
- ▶ Schälchen für Schokoballs und andere Getreidekost
- ▶ Ein Teller mit bunten Obst- und Gemüsestückchen, um nach eigenen Vorlieben Speisen aussuchen zu können
- ▶ Früchtetee, ungesüßt
- ▶ Milch

Ute, der freundlichen Küchen-Hilfskraft, fiel es anfangs nicht leicht, das Tischdecken und Eingießen den Kindern zu überlassen: „Ich habe euch den Tisch heute schön gedeckt", erzählte sie dann strahlend den Kindern, und sicher tat es weh, als wir sie darum baten, es den Kindern zuliebe nicht zu tun. Schließlich sehnen sich die Kinder in ihrem Drang nach Bewegung und Ausprobieren nicht unbedingt danach, jede Arbeit abgenommen zu bekommen. Im Gegenteil: Saßen sie, auf die noch mit Vorbereitungsarbeiten beschäftigte Erzieherin wartend, am Tisch, begannen sie immer wieder mit als störend empfundenen Tätigkeiten: Mit den Teebechern plantschen, den Stuhl ruckeln und kippeln.

Selim gießt sich Tee ein, vielleicht schon den dritten Becher, und vielleicht wird er diesen auch nicht mehr austrinken. Karin lässt ihn gewähren, denn es ist deutlich sichtbar, dass Selim nicht mit dem Durst kämpft, sondern mit der Aufgabe, die Kanne sicher über die Tasse anzuheben und mit geringem Schwung so schräg zu halten, dass der Tee sicher in die Tasse gelangt. Wir machen hier drei Dinge gleichzeitig: Erstens essen wir Frühstück, um satt zu werden. Zweitens kommen wir an: Noch nicht „offiziell" begrüßt wie beim Morgenkreis, sondern in einem informellen Rahmen, bei dem man nebeneinander sitzen, vielleicht plaudern, vielleicht auch nur schweigend den anderen zusehen kann. Drittens ist besonders wichtig: Wir üben Frühstücken. Zum Frühstücken-Lernen gehört: Flüssigkeiten umschütten, dabei Erfahrungen mit größeren und kleineren Gefäßen machen. Massen schmieren: Butter und Wurst mit einem Werkzeug (Messerchen) auf das Brot schmieren.

7 | Ein Tag in der Krippe:

Ich helfe, indem ich nicht helfe!

Utes gut gemeinte Hilfe ist keine ungewöhnliche Sache: Erwachsene neigen immer wieder dazu, Kleinkindern gönnerhaft zur Hilfe zu eilen, wenn sie hochkonzentriert motorische Herausforderungen etwa beim Anziehen, Aufräumen, Tragen annehmen. Wir haben uns angewöhnt, immer vorab zu fragen: „Brauchst du Hilfe?" Meistens wollen die Kinder alleine ihre Aufgabe lösen. Wenn sie aber Hilfe anfordern, freuen sie sich auch darüber.
Wenn ich dennoch als Erwachsener helfen und den Kindern eine Freude bereiten will, was tun? Ute und ihren Kolleginnen kann man erklären, dass sie Kindern den größten Gefallen tun können, wenn sie diese Dinge selber machen lassen. Es macht die Kinder viel froher und stolzer, wenn sie die Essensschalen selbst hinstellen dürfen. Ergebnis dieses Auftuns durch Kinder ist manchmal eine große Klecker- und Schmiererei auf dem Tisch, und natürlich landet mehr Essen als nötig im Spüleimer. Darüber nicht zu verzagen, sondern es bewusst zuzulassen, ist ein besseres Geschenk für die Kinder, als ihnen die Arbeit von vornherein abzunehmen.

Morgenkreis mit Geschichten-Körbchen

„Leis', leis', leis', wir schließen jetzt den Kreis!" Mit einem gesungenen Spruch hat Karin alle Kinder nun auf den Sitzkissen im Spielraum versammelt, und nach dem Einsatz des Brummkreisels singt die Pädagogin unter Einsatz einer ihrer Kasperfiguren das Begrüßungslied „Guten Morgen, guten Morgen, wir winken uns zu", bei dem jedes Kind in der Gruppe durch Handschlag mit Kasper und Namensnennung begrüßt wird.

Karin stellt das Programm vor: „Ich will nun mit euch das Lied singen ‚Wir haben eine Ziehharmonika'. Wer mitmachen will, macht mit, wer lieber zuschauen möchte, schaut zu." Fast alle Kinder bewegen sich mehr oder weniger intensiv zu dem Lied oder versuchen, Teile mitzusingen: nur Lilly hat sich etwas abseits hingesetzt, spielt mit ihrer Puppe und blickt ab und zu hinüber zu den anderen. „Lilly braucht immer etwas Zeit, um sich morgens auf die Gemeinschaft einzulassen", erklärt Karin. Beim übernächsten Lied ist es soweit, und das Mädchen schließt sich wortlos dem Kreisspiel an.

Heute sollen wir wieder die Krokodil-Geschichte hören! – Kinder wollen das Programm ihres Kreises mitgestalten.

Die Zweijährigen | 7

Zwischen Nähe und Distanz: Ankommen lassen

Zu Hause vielleicht das einzige Kind, hier in der Gruppe unter Vielen: Es ist für kleine Kinder – wie auch für viele größere Menschen – nicht einfach, plötzlich von Ruhe und Einzelbetreuung auf die Gruppe umzuschalten. Wichtig ist, dass Kindern dafür Zeit gelassen wird: Keiner muss bei allen Aktivitäten mitmachen, aber jeder ist herzlich eingeladen.

Erzieherin Karin hat beide Aspekte berücksichtigt: Mit dem Begrüßungslied wurde jedes Kind nur kurz und indirekt, durch den Finger der Kasperfigur berührt und mit Namen angesprochen. Jedes Kind kann sich damit einzeln wahrgenommen fühlen, ohne sich gleich durch zuviel Nähe überfordert zu fühlen: Kleine Kinder brauchen manchmal intensiven Körperkontakt, manchmal aber auch genauso sichere Distanz. Sichere Distanz gibt die Pädagogin den Kindern auch dadurch, dass diese den anderen eine Weile zusehen können, bevor sie mitmachen.

„Geschichte, Geschichte!" Als Zugabe zum Kreis lieben es die Kinder, Geschichten aus dem Säckchen zu hören. „Sollen wir wieder die Geschichte mit dem Essen erzählen?" Karin holt aus dem Regal ein Säckchen, und die Kinder wissen, was gleich zum Vorschein kommt: Drei Püppchen, ein Tischchen, drei Stühle, drei Kronkorken. „Die Aufess-Geschichte!", ruft Riola begeistert. Und Karin beginnt, während sie Tisch und Stühle gut sichtbar für alle Kinder aufstellt, die Geschichte zu erzählen, die die Kinder bestimmt schon zehn Mal gehört haben:

„Tina ist schon ganz aufgeregt, denn zu Besuch kommt …" – Karin hält inne, Selim ergänzt schnell: „Die Oma! Und sie will zusammen mit Papa den Tisch decken." Rinah und Joss lassen vorsichtig die beiden Tina- und Papa-Puppen um den Tisch herumgehen, wie es Karin vorgemacht hat, als sie die ersten Male die Geschichte erzählte.

Tina stellt einen Teller auf ihren Platz, einen Teller auf Papas Platz. „Und …" – Karin hält wieder inne. „„Auf Omas Platz!", ergänzen Alina und Josef. Dann teilen Tina und Papa Kuchen aus. „Erst kriegt Tina ihren Kuchen …", Selim popelt vorsichtig ein Stück vom Knete-Kuchen ab, „und dann Papa", ergänzt Ela, „und dann Oma!" Wie geht es weiter? Inzwischen gehört zum Geschichten-Ablauf dazu, dass eine der beiden „erwachsenen" Spielfiguren kurz den Raum verlässt, damit Tina und die andere Figur den Kuchen auffuttern. Wenn die Person zurückkehrt, ruft sie erstaunt „Oh!" Die Kinder kichern und glucksen schon vorher um die Wette, und manchmal muss Karin diesen Teil der Geschichte drei- oder viermal vorspielen.

Geschichten aus dem Körbchen

Die Geschichten-Körbchen, mit denen die Erzieherin ihre kleine Erzählung animiert, könnte man auch als lebendige Bilderbücher verstehen, denn mit diesem haben die Figuren gemein: Es gibt eine klar umrissene Handlung, die bildlich dargestellt wird, um das Gesprochene zu illustrieren.

Wie ein gutes Bilderbuch fördern die Geschichtenkörbchen die Sprachentwicklung der Kinder: Das Animieren der Püppchen ersetzt schließlich nicht das Zuhören bei der Erzählung, sondern die gespielte und die erzählte Handlung finden in einem Wechselverhältnis statt. Manchmal kann Karin mit den Figuren etwas zeigen, was die Kinder sprachlich noch kaum begreifen könnten, viele Ebenen der Geschichte kann man nur mit Worten, nicht aber mit den Figuren deutlich machen, etwa die Dialoge, die Zusammenhänge zwischen den Handlungen, die zeitliche Einordnung. Immer wiederholt werden die kleinen Geschichten, und das entspricht zunächst dem Bedürfnis der Kinder, Handlungen durch häufige Wiederholung begreifen zu können. Dies ermöglicht aber auch, dass die Kinder mehr und mehr „mitgehen" können und die Geschichte erst gedanklich und dann auch sprachlich zunehmend eigenaktiv gestalten können.

Leben und Lernen mit Kindern unter 3

7 | Ein Tag in der Krippe:

Musik erleben

In einem kleinen Nebenraum zum Spielraum hat Karin einen Musikraum eingerichtet. Eigentlich ist es nur ein kleiner Teppich mit Sitzkreis-Kissen, an der Wand ein Instrumentenregal, an einer Seite des Raumes das Klavier. Nun, zum Musikangebot, setzen sich die Kinder auf ihre Sitzkissen. Das ist günstig, denn zum Musizieren brauchen sie Ruhe und ein wenig Platz rundherum, wie es die mit großzügigem Abstand in Kreisform verteilten Sitzkissen bieten.

„Wir wollen heute das Laternelied singen, kennt ihr es noch?" Auf Karins Frage nicken einige der Kinder wissend. Die Erzieherin hält Klanghölzer in ihrer Hand, gerade genug für jedes Kind. „Die Hölzer schlafen noch," erzählt Karin, „wenn wir unser Lied singen, können wir sie wecken!" Nachdem Karin das Lied ein erstes Mal gesungen hat, begleitet von einigen mitbrummelden Kindern, wackelt sie mit den Hölzern: „Nun wachen sie auf!" Ganz langsam, als seien es persönliche Lieblingspuppen, verteilt sie nun Holz für Holz an die Kinder, indem sie diese den Wartenden in die Hände legt. „Jetzt können wir das Lied singen, und ihr könnt dazu mit dem Klangholz klopfen!" Zweimal, dreimal singen Karin und die Kinder nun das Lied, langsam und bedächtig, und im Rhythmus klopfen die Kinder mit den Klanghölzern, wippen und schaukeln, von Strophe zu Strophe besser im Takt.

> **Musik erleben**
>
> Musik spricht schon ganz kleine Kinder an. Schon im ersten Lebensjahr versuchen Babys, den Rhythmus der Musik in Bewegung umzusetzen. Während größere Menschen auch bewegungslos Musik genießen können, bevorzugen die Kleinen es, mit dem ganzen Körper zu hören: Schaukelnd, wippend, den Rhythmus erfassend und durch eigene Klangerzeugung fortführend.
> Weil Kleinkinder so unmittelbar auf Musik reagieren können, ist es wichtig, vorher eine entspannte Atmosphäre herzustellen, um vor lauter Freude am Klang kein Geräuschwirrwarr aus Gesang, Geschrei und wildem Geklapper mit Klangholz, Trommel und Glöckchen zu erzeugen. Die Erzieherin in unserer Geschichte geht darum in kleinen Schritten auf das Thema zu: Erst das Lied singen, um die Melodie in Erinnerung zu rufen. Dann beim bedächtigen Verteilen der Hölzer Ruhe hereinbringen, um nun endlich mit wachen Ohren das Singen und Rhythmusschlagen erleben zu können.

Das Laterne-Lied ist gesungen, und die Kinder kriechen und krabbeln nun mit ihren Klanghölzern auf dem Boden umher. Jeweils ein Kind darf nun – so geht ein neues Abschlussritual, das Karin in ihrer Gruppe eingeführt hat – eine kleine Weile am Klavier klimpern. Lilly spielt zaghaft an den hohen Tönen herum, während Selim kräftig auf die Tasten schlägt, mal ganz hoch und mal ganz tief: So unterschiedlich wie der Charakter der Kinder, so unterschiedlich auch ihre Art des Spiels auf den Klaviertasten. Auf die anderen Kinder überträgt sich das Spiel der Kinder: Heftige Bewegungen und Herumtoben zu Selims Spiel, sanftes Rollen zu Lillys zarteren Klängen.

© Torsten Radtke – Fotolia.com

Experimente mit Klang

Ich tue etwas, und aus diesem Tun entsteht etwas: Als eine Art Funktionsspiel können wir auch das Musizieren der Kinder in der Krippe begreifen. Wenn sie Klaviertasten oder das Xylophon anschlagen, an der Gitarre zupfen oder trommeln, begeistert sie zunächst das Entstehen des Klangs. Es müssen nicht immer echte Musikinstrumente sein: Lange Plastikrohre ergeben beim Hineinrufen tolle Geräusche, gefüllte und dann geschüttelte Blechdosen auf ganz andere Weise auch.

© pete pahham – stock.adobe.com

Mitspielen

Es ist Spielzeit im Gruppenraum. Karin ist eine Löwin, und vielleicht wird sie gleich alle Kinder erjagen und auffressen, jedenfalls wird dieses gerade von ihren Opfern erwartet. Wo sie auftaucht, huschen und kriechen die Zweijährigen vor ihr weg, immer langsam genug, um von Karins langen Arm doch noch gepackt, umgedreht und am Bauch gekitzelt zu werden: So, jetzt fresse ich dich! Große Lust bereitet es den Kindern, sich dieser Ungewissheit auszusetzen, gleich irgendwann geschnappt zu werden, und wenn sie plötzlich Karins Hand spüren, juchzen sie auf. Anspannung und Entspannung, körperliche Nähe und Distanz gehören zu diesem Spiel, auf das sich die Kinder besonders gut einlassen können, weil sie sich Karin absolut vertrauensvoll ausliefern mögen. Unter sich spielend, wäre das nicht gewiss, denn einige Kinder greifen zu grob zu.

Karin schlägt nach einiger Zeit des Gazellenjagens vor, die Rollen zu tauschen, sie möchte nun lieber selbst eine Löwenmutter sein, jemand anders muss nun den Löwen spielen. „Ich bin Löwenkind", rufen nun viele der Kinder nacheinander, und so verändert sich die vorher eher dramatische Szenerie zu einem Familienspiel: Die Löwenbabys schreien angstvoll oder hungrig, und ihre Eltern bringen nun Futter herbei.

„Jetzt will ich die Löwenmama sein!": Nach einiger Zeit übernimmt Delaya Karins Rolle, und diese kann sich nun aus dem in Gang gekommenen Spiel zurückziehen. Sie teilt es den Kindern mit, dass sie nun als Mitspielerin wegfällt: „So, jetzt muss ich mich mal um meine Papiere kümmern, es hat Spaß gemacht, eure Löwenmutter zu sein."

Was können Erwachsene zum Spiel der Kinder beitragen?

Nur zuschauen? Nein, als Erwachsene brauchen uns die Kinder, damit wir deren Spiel bereichern.
Ein gerne gesehener Beitrag von Pädagoginnen ist es, weitere Impulse zum Spielgeschehen beizusteuern, welche die eher schmale Bandbreite von den Kindern erweitern.

7 | Ein Tag in der Krippe:

Gerade im Rollenspiel, das ja im Grunde zum Inhalt hat, die von den Kindern erlebten Beziehungen und Verhältnisse zwischen Menschen spielerisch nachzuvollziehen, ist es sehr aufschlussreich, wenn Pädagoginnen mitspielen. Schließlich steht sie ja in der Realität auch in einer klar festgelegten Beziehung zu den Kindern, und es ist sehr interessant für diese, wenn im Spiel die Rollen leicht oder stark verändert werden. Wie wäre unsere liebe Erzieherin, wenn sie ihre Macht über uns auf andere Weise zeigt, nämlich als Löwe, der sich uns bemächtigt? Wie macht sie sich als unsere Tier-Mutter in der Löwenfamilie? Kinder wollen unter anderem deswegen mit Erwachsenen spielen, um damit etwas über sie erfahren zu können.

Nicht nur bereichernd, sondern auch regulierend können und sollten die Pädagoginnen das Spiel der Kinder mitgestalten: In unserem Beispiel kann die Erzieherin in ihrer Rolle als Mitspielerin eine veränderte Spielhandlung vorschlagen, die weiterführender als die für die „gefressenen" Kinder auf Dauer strapazierende Opferrolle ist. Das würde kaum funktionieren, wenn die Pädagogin nicht Mitspielerin wäre: „Könnt ihr nicht etwas anderes spielen?"

Sie könnte auf ähnliche Weise neue Ideen liefern, wenn aus einer lange gespielten Spielhandlung die Luft raus ist.

In unserem Beispiel verschafft sie den Kindern damit die Möglichkeit eines Perspektivwechsels, wenn aus dem raubenden Löwen plötzlich eine harmonische Familie wird, in der man aufeinander aufpasst. Pädagoginnen können auf diese Weise mit ihren Vorschlägen die Ideenbildung der Kinder in Gang setzen, wenn sie nach der weiteren Ausgestaltung der Situation fragen – oder Vorschläge machen: Wohnen wir in einer Höhle? Sollen wir eine Höhle bauen?

Insgesamt betrachtet: Auch hier gilt, was bei den Unter-Einjährigen geschrieben wurde. Mitspielen und Einbringen in das Spiel der Kinder ist keine Einmischung in etwas, was die Kleinen alleine besser können; es ist auch keine für Erwachsene unwürdige Tätigkeit. Es ist stattdessen eine sehr dankbar von den Kindern aufgenommene Methode, ihr Tun ernst zu nehmen, ihre Vorstellungswelt an einer Stelle zu bereichern, wo sie dafür empfänglich und dankbar sind. Sollen Erwachsene immer mitspielen? Es gibt genügend Spielsituationen, in denen Kinder so gut aufeinander eingespielt sind, dass die Erwachsenen wirklich nicht nötig sind. Hier wäre es tatsächlich ergiebiger, als Beobachter dabei zu sein, oder die Eigenaktivität der Kinder zu nutzen, um Vorbereitungsarbeiten zu erledigen. Günstig ist es, dieses den Kindern vorher mitzuteilen: „Ich muss noch etwas erledigen, während ihr spielt."

Puppenwagen oder Spielzeugtransporter? Gute Spiele entwickeln sich, wenn gute Ideen auf gute Materialien treffen.

Frische Windeln

„Ich glaube, du brauchst eine frische Windel! Sollen wir uns gleich darum kümmern? Ich hole dich gleich ab." Niklas nickt, und als Karin ihm einige Minuten später die Hand reicht, um zum Wickeltisch zu gehen, begleitet er die Erzieherin gern.
Im Bad klettert er über die Leiter am Wickeltisch behände hinauf, um sich dann mit dem Gesicht zur Wand aufzustellen und auf Karins Bitte die Beine anzuheben, damit diese den Po gut reinigen kann. Schon fertig! Niklas springt vom Wickeltisch in Karins Arme und huscht zu seiner Spielgruppe zurück.

Individuell betreut statt Reihenuntersuchung

„Jetzt husch-husch alle ins Bad, Zeit für frische Windeln!" Immer noch gibt es Krippen-Pädagoginnen, die Windeln nach Uhrzeit verabreichen, und dieses in generalstabsmäßiger Manier: Alle nacheinander, immer zügig, um das Warten nicht endlos werden zu lassen.
Gerade bei den ältesten Krippenkindern ist es aber besonders wichtig, den Bedarf einer neuen Windel erfahrbar zu machen: Der erste Schritt zum Sauberwerden besteht schließlich darin, eine gerade gefüllte Windel zu fühlen.
Wenn die Erzieher diese Wahrnehmung unterstützen, indem sie für das Kind aufmerksam sind und es darauf ansprechen, fällt es diesem leichter, irgendwann schon vor dem Füllen der Windel Bescheid geben zu können.
Aktiv mitmachen können statt ausgeliefert zu sein: Gerade die ältesten Krippenkinder lassen sich lieber wickeln, wenn sie während und um diesen zunehmend als unschön empfundenen Vorgang Handlungsmöglichkeit und Raum für individuelle Vorlieben haben, so wie bei Niklas das Heraufklettern und Stehen auf dem Wickeltisch.

Ein Ausflug

Selma zeigt auf der Dokumentationswand auf Fotos, die auf dem letzten Ausflug der Kinder entstanden sind: „Da, das Müllauto! Selma hat da so geschaut!" Auch die anderen Kinder erklären anhand der Bilderwand Eltern und Besuchern gerne, was sie auf ihrem Ausflug erlebt haben. Hört man ihren Erläuterungen der Bilder zu, mag man glauben, sie hätten mindestens einen Tagesausflug in eine fremde Stadt unternommen.
Die Fotos hingegen zeigen, dass es sich um einen ausgesprochen kurzen Gang gehandelt haben muss: Hinter dem Ausflugsziel, dem großen Bagger auf einer Baustelle, ist deutlich das Gebäude des Kindergartens zu erkennen, bloß von der ungewohnten Rückseite. Die Gruppe war also am weitesten Punkt ihrer Reise etwa 200 Meter vom gewohnten Umfeld entfernt. Trotzdem war es ein langer Ausflug: „Ich war selbst überrascht, wie oft die Kinder auf dem kurzen Weg stehen geblieben sind, weil sie etwas Besonderes entdeckt haben: Einen Bauwagen, eine Meise, ein vorbeifahrendes Müllauto ..."
Auf den Fotos sind fast alle dieser „Sehenswürdigkeiten" festgehalten. Es ist den Kindern offenbar ein Bedürfnis, diese Fotowand zu betrachten und damit die Erlebnisse des Ausflugs untereinander und mit Erwachsenen nachzubereiten.

7 | Ein Tag in der Krippe:

Der Weg ist das Ziel: Bei Krippenkindern stimmt das ganz besonders.

Sehenswürdigkeiten für Zweijährige

Welche Ausflugsziele eigen sich, um mit einer Gruppe Zweijähriger loszuziehen? Erwachsene und größere Kinder finden Ausflüge interessant, bei denen sie eine neue, bisher unbekannte Welt erfahren, vielleicht andere Räume und andere Landschaften erleben. Für die Krippenkinder eröffnen sich solche neuen Landschaften, wenn sie einmal den Nachbarhof neben der Krippe besuchen können, wenn sie ihren Krippen-Garten plötzlich von außen sehen. Sie sind fasziniert, wenn sie das wöchentlich beobachtete Müllauto oder den Bagger plötzlich von ganz nah bestaunen können. Große Staun-Erlebnisse können Pädagoginnen kleinen Kindern verschaffen, indem sie mit ihnen zusammen auf die Spur der alltäglichen Wunder in der Nachbarschaft gehen.

Sich selbst verstehen, sich mit anderen verstehen

Die letzte Dreiviertelstunde vor dem Essen verbringen die Kinder bei fast jeder Witterung im Garten, um an der frischen Luft toben und rennen zu können, aber auch, um durch den Gartenzaun das Umfeld ihrer Krippe betrachten zu können.

Heute ist es vor allem die Schaukel, die im Mittelpunkt des Interesses der Kinder steht, insbesondere, weil Gerhard, der Praktikant, zum Anschaukeln bereitsteht. Das verspricht mehrfachen Genuss: Schaukeln erzeugt ein wohliges Gefühl im Bauch, noch angenehmer ist jedoch wahrscheinlich die Möglichkeit, einen Erwachsenen zu spüren, der einem Schwung gibt, einen hält, der im Moment des Schaukelns nur für das eine Kind voll und ganz da ist. Eine Intensität, die einzelne Kinder, gerade wenn sie sich nicht den Schoßplatz bei ihrer Erzieherin sichern können, sonst oft nur beim Wickeln erleben können. Eine Schaukel und ein Schubser, aber zehn Kinder: Das gibt schnell Reibereien. Während Rinah zum zehnten Mal kräht, dass sie jetzt dran sein will, packt Selim schnell die Schaukelkette und versucht, Riola herunterzudrängen. Sicherlich glaubt er sich dabei im Einverständnis mit dem von ihm besonders geschätzten Gerhard. Als dieser ihm erst freundlich, dann etwas energischer klarmachen will, dass „alle Kinder warten müssen", schubst Selim erst mit grimmigem Gesichtsausdruck scheinbar ungerührt weiter, bis er sich heulend auf den Boden unter der Schaukel wirft, sodass keiner sie mehr benutzen kann. Damit steht er ungewollt im Mittelpunkt, bei den anderen Kindern andererseits auch deutlich in der Kritik: Das darf man nicht! Auf freundliche Vorschläge reagiert er nur noch mit verstärktem Heulen. Gerhard nimmt Selim schließlich hoch; trägt ihn in eine ruhige Ecke; verhindert, dass die anderen Kinder nachkommen. Lange sitzt er neben Selim und krault ihm nach einiger Zeit vorsichtig den Kopf. Erst nach einer Weile beginnt er, mit Selim über das Trotz-Erlebnis zu sprechen, vor allem über dessen Gefühle: „Warst du enttäuscht, weil du dich schon lange darauf gefreut hast, mit mir zu schaukeln?"

„Willst du gleich wieder zu uns kommen?", fragt Gerhard Selim, bevor er sich wieder zum Rest der Kinder begibt. Selim nickt und antwortet, was er gefühlt hat. Nach einer Weile kann er mit Gerhard zu den anderen zurückkehren, froh darüber, dass die Gruppe seinen Wutanfall vergessen hat.

Trotzende Kinder

Bei aller Mühe, die Pädagoginnen mit trotzigen Kindern haben: Je deutlicher Kinder ihren Widerwillen zeigen, desto intensiver scheint die emotionale Sicherheit zu sein, die sie bei der Bezugsperson verspüren. Wenn Menschen, die ihnen nichts bedeuten, Kleinkindern etwas verbieten, reagieren sie deutlich unempfindlicher als dann, wenn ein geliebter Mensch ihre Bedürfnisse nicht teilt, sondern das Gegenteil will.

Tiefer Rebellion und Uneinsichtigkeit begegnen Erzieherinnen und Eltern beim trotzenden, heulenden, sich auf den Boden werfenden Kind. Auch wenn das zweifelsohne nervt: Individualismus beginnt mit der Erkenntnis, dass man etwas anderes will als der Erwachsene. Und zu Anfang fällt diese Erkenntnis, dass man verschiedene Ziele hat, äußerst drastisch aus, den Kindern fehlt schlicht die Erfahrung des Umgangs mit diesem Gefühl, und sie wissen nicht, wie sie ihre Wut steuern und beenden können. Also brauchen sie unsere Hilfe dabei, vor allem in Form von Verständnis. Trotz aller Wut müssen sie sich unserer Akzeptanz, gleichzeitig auch unserer Ruhe sicher sein.

Je heftiger der Trotzanfall, desto besser die Bindung? Mag sein. Je häufiger der Trotzanfall, desto ... Das stimmt gewiss nicht. Häufiges Trotzen sollte ein Anlass sein, darüber nachzudenken, welche durchaus wichtigen Bedürfnisse unsere „Neins" möglicherweise verletzen. Je mehr Entscheidungsraum Kinder haben, desto seltener muss es schließlich zu heftigen Trotzanfällen kommen! Erwachsene, die Handlungen kategorisch verbieten, ohne erlaubte Wege aufzuzeigen, brauchen sich nicht wundern, dass aus regelmäßigen Trotzsituationen schließlich tatsächlich eine Art „Trotzphase" wird, in der tatsächlich die Machtfrage gestellt zu werden scheint. Erwachsene, die statt mit der angemessenen Mischung aus Konsequenz und Verständnis reagieren, indem sie das unerwünschte Verhalten als schlecht, böse und gemein abqualifizieren oder sogar mit Liebesentzug bestrafen („So mag ich dich nicht gerne!"), brauchen sich auch nicht zu wundern, dass Kinder im Trotzen dann auch durch Steigerung der Wut die „Liebesfrage" stellen.

Selim hat eindeutig etwas „falsch" gemacht, und dennoch hat sein Betreuer ihn nicht direkt auf sein „Fehlverhalten" angesprochen. Das ist sinnvoll, um dem trotzenden Kind erst einmal zu ermöglichen, genügend Distanz zu seiner Wut und seinem Verhalten zu gewinnen, um dann später auch wieder darauf zurückblicken zu können.

Wichtiger ist es, wie in unserem Beispiel, erst einmal dem Kind zu helfen, sein Gefühlswirrwarr zu ordnen, wie es Gerhard mit seiner Frage „Warst du enttäuscht ..." gemacht hat. Krippenkinder brauchen für ihre Gefühlswelt Resonanz, um zu verstehen, was sie gerade antreibt. Erwachsene können diese Resonanz geben, indem sie versuchen, die Gefühle des Kindes als Frage – als Interpretationsvorschlag – in Worte zu fassen!

7 | Ein Tag in der Krippe:

Mittagessen

Es ist Mittagessenszeit. Nach Händewaschen-Lied und Händewaschen kommen die Kinder in den Essensraum. Ihr Tisch ist nicht gedeckt, aber alle nötigen Geschirrteile stehen wie das in Schüsseln gefüllte Essen bereit.

Es macht den Kindern Spaß, sich einzelne Geschirrteile zu nehmen und sie zu verteilen: Hier musst noch ein Löffel hin, dort noch zwei Schälchen.

Vier große Essensschüsseln stehen auf dem Tisch: Zweimal Kartoffelbrei, zweimal Fleisch und Soße. An jeder Tischhälfte gehen nun die Schalen herum, und die Kinder tun sich jeder einen oder zwei Löffel auf. Nur Riola nimmt sich, wie fast immer, ausschließlich Kartoffelbrei.

Karin hilft den Kindern bei dieser motorisch anstrengenden Verrichtung: Manchmal muss sie die Schüssel weiterschieben oder den zu schweren Löffel führen. Öfter wischt sie mit dem bereitliegenden Lappen heruntergeplumpste Soßenflecke weg. All dieses macht sie nach Möglichkeit von ihrer sitzenden Position in der Mitte der Tafel aus. Als die Kinder essen, isst sie auch und unterhält sich mit ihnen. Ich bin ja nicht die Bedienung der Kinder oder ihre Ess-Trainerin, sagt sie später, sondern einfach auch ihr größter Tischgenosse, der ihnen natürlich bei Bedarf hilft.

Halbvolle Kannen, Essen in Schalen, Löffel statt Kellen

Dass Kinder sich das Essen selbst auftun können, bietet eine Menge Vorteile: Auftun ist zunächst einmal eine absolut lebensnahe und bedeutsame „Übung des täglichen Lebens" mit großer Bedeutung für das Training der Feinmotorik. Es macht Kinder stolz und selbstbewusst, wenn sie damit quasi einen weiteren Schritt zur Selbstversorgung gemeistert haben: Ich bekomme nicht vorgesetzt, sondern kann selbst aktiv werden.

Wie viel Essen brauche ich heute?
Auch dieser Frage können sich schon Krippenkinder vorsichtig annähern, wenn sie darüber nachdenken, wie viele Löffel Kartoffeln sie heute auf den Teller transportieren sollen. Natürlich können wir dabei von den Kleinen keineswegs erwarten, dass sie intuitiv schnell die richtige Menge auswählen – Sprüche à la „Hast du dir doch selbst aufgetan!" sind bei der Altersgruppe noch unangebracht.

Wie muss man Essen anbieten, damit Kinder sich ohne Überforderung und Riesensauerei selbst auftun können? Bewährt haben sich kleine Teekännchen, die halbvoll gefüllt sind, und niedrige Trinkgefäße, die nicht sofort umkippen. In mehreren Schalen mit einem großen Esslöffel stellen wir Essenskomponenten bereit. Natürlich müssen diese Schälchen vor dem Beginn des Essens von der Erzieherin oder der Küchenkraft vorbereitet werden, damit die Erzieherin während des Essens nicht pausenlos nachfüllen muss!

Essen als kindgerechtes Gemeinschaftserlebnis

Erwachsene verabreden sich mit anderen Erwachsenen zum Essen oder auf ein Getränk, Kinder treffen sich lieber zum Spielen: Wenn manche „Großen" überaus hohen Wert auf eine als Gemeinschaftserlebnis gestaltete Essenssituation legen, übertragen sie ihre Wertvorstellungen unreflektiert auf die Kinder, die einfach besser beim Spiel miteinander kommunizieren als zwischen Kauen und Schlucken.

Trotzdem ist es von Bedeutung, über die Gestaltung einer angenehmen Essenssituation nachzudenken, bei der das gemeinsame Am-Tisch-Sitzen ein angenehmes Erlebnis ist.

> Eine Schlüsselrolle haben dabei die Pädagoginnen, die durch ihr Auftreten und Einbringen in die Gemeinschaft viel zu einer fröhlichen Atmosphäre beitragen können – oder genau diese unbedacht verhindern! Sie sollten sich dementsprechend fragen:
>
> Können mich die Kinder als Essens-Teilnehmerin identifizieren, die zum gemeinsamen Gespräch etwas beiträgt? Oder agiere ich eher als Servicekraft, die ständig etwas holt und damit auch Unruhe hineinbringt?
> Vermittle ich durch Worte und Mimik, dass das Essen gut schmeckt, dass ich die Gemeinschaft am Tisch angenehm finde, dass ich Spaß daran habe? Oder wirkt es möglicherweise für die Kinder eher, als stehe das Kritisieren ihres Essverhaltens im Vordergrund?

> Was sind meine inneren Lernziele? Sollen die Kinder Freude am Zusammensein erfahren, sollen sie Genuss empfinden können? Oder geht es mir in Gedanken und Worten hauptsächlich darum, Verschmutzung zu reduzieren, ein gutes Fütterergebnis zu erhalten, vermeintlich wichtige Tischsitten zu vermitteln?

Gemeinsam haben die Kinder mit dem Essen begonnen, aber nicht gemeinsam aufgehört: Während alle anderen Kinder schon wieder zurück im Gruppenraum sind, essen Alina und Maike noch in ihrem langsamen Tempo die zweite Portion Grießbrei. Es ist wichtig, dass die Kinder täglich nach ihrem Bedarf und in ihrem Tempo essen können. Auch wenn wir fast alles gemeinsam machen, darf jeder verschieden sein.

Gemeinsame Ruhezeit

Vom Zähneputzen führt der Weg der Kinder wieder in den Gruppenraum. Es ist Ruhezeit, und Kinder und Erzieherin bereiten dieses gemeinsam vor: Karin zieht die Vorhänge vor, und die Kinder beginnen selbstständig mit weiteren Verrichtungen, die für die Mittagsruhe notwendig sind: Delaya legt die Matratzen, die vorher zum Hüpfen und Rollen aufeinandergestapelt waren, nebeneinander im Raum aus, nicht streng in Reih und Glied: Jedes Kind hat einen besonderen Liegeplatz, vielleicht neben einer Freundin oder eng an der Wand in einer ruhigen Ecke. Während Delaya jetzt, unterstützt durch Karin, sogar versucht, die Matratzen mit den aus dem Bettrollenschrank geholten Bezug zu beziehen, beginnen sich andere Kinder ihre Oberbekleidung auszuziehen und an einem ebenfalls angestammten Platz abzulegen. Es macht den Kindern Freude, sich vor dem endgültigen Schlafenlegen in der dunklen Wärme des Raumes leicht bekleidet zu bewegen. Überall ist jetzt Bewegung: Manche robben über die Matratzen, andere wälzen sich wild auf der Matratze umher. Elisa zeigt Maike ihren „dicken Bauch", und diese hält ihr ihren entgegen. Alina huscht noch einmal zum WC, sicherheitshalber. Selim beobachtet seinen Fuß, der unter der Bettdecke hervorlugt, und spielt Kuckuck damit, während Sara plötzlich überall kleine Auas spürt, die sie gerne leise bejammert:
Die Kinder genießen es augenscheinlich, in der warmen, gemütlichen Atmosphäre im halbdunklen Ruheraum leicht bekleidet ihren Körper zu spüren und einander zu zeigen. Karin gewährt ihnen diese längst zum Ritual gewordene Zeit, statt auf das Hinlegen zu drängen.
Immer selbstbezogener werden die Spiele der Kinder allmählich, wahrscheinlich wirkt die gemütliche Atmosphäre im Halbdunkeln

7 | Ein Tag in der Krippe:

ebenso wie die Kenntnis der Regel, nun nicht mehr außerhalb der eigenen Matratze zu tollen, auf die Kinder beruhigend.
„Das Sternlein, das Sternlein!" Karin singt ein Lied, heute aus dem Liederkörbchen, ausgewählt durch Delaya, vor. Nach einigem leisen Herumwackeln, bei Bedarf auch etwas Streicheln, sind alle Kinder eingeschlafen.

Einschlafrituale

Ältere Krippenkinder brauchen andere Hilfen als die Kleinen, um in einen angenehmen Schlaf hinüberzugelangen. Das Schlafliedritual mit den Figuren aus dem Liederkörbchen ist eines von den Ritualen, die in den Kindern die innere Bereitschaft erzeugen, jetzt den Tag vorbeifliegen zu lassen und dem Gefühl der Müdigkeit nachzugehen. Genauso wichtig erscheinen aber auch die Rituale vorher: Erst das gemeinsame Herrichten des Raumes in ruhigem Tempo, dann die Zeit der langsamen Bewegungen, des Zurechtruckelns auf der Matratze, des Hineinfühlens in den eigenen Körper. Nur nicht drängen!
Manche Kinder kommen schon jetzt ab und zu ohne Mittagsschlaf aus. Sie sitzen oder liegen während der Vorsinge-Zeit noch auf ihrer Matratze, und wenn sie dann nicht eingeschlafen sind, verlassen sie leise mit der Erzieherin den Raum. Es ist schön und entspannend für sie, im ganz ruhigen Spielraum leise und alleine spielen zu können, während Karin ihre Arbeit vor- und nachbereitet.

Der Hügel im Schlafraum

Mittagsschlaf und Vesper sind vorbei. Karin hat Matten ausgelegt: Drei Reihen Schlafmatratzen entlang der linken Wand des Ruhe- und Bewegungsraumes, darüber eine Schicht großer weicher, glatter und flexibler Gummimatten, die auf der linken Seite auf dem Matratzenstapel, auf der rechten Seite auf dem Boden liegen. Die Gummimatten haben damit ein Gefälle von etwa 30 Zentimetern: für Erwachsene ein kleiner Schritt, für die Kinder ein Gebirge. An der linken Wand kann man hinter den Gummimatratzen einen schmalen Streifen Schlafmatratzen sehen, für die Kinder ist das ein Weg.

Karl, Kaya und Lisa beginnen zunächst, die Matratzenrampe wie eine ihnen wohlvertraute Rutschbahn zu nutzen. Dazu gehen sie hintereinanderher um den Stapel herum, erklimmen den Matratzenhügel, gehen auf den kleinen Weg bis zur Mitte der Gummimatratzen, um dort zunächst mit den Füßen voran hinterzurutschen.
Das Spiel verlangt nach Variation: Anders als die recht steile, harte Rutschbahn im Garten eignet sich die schiefe Gummimatratze gut dazu, sich in anderen Formen hinabzuwälzen. Kaya rollt sich seitlich hinunter, Selim traut sich, kopfüber hinabzurutschen.

Praxisbuch Krippenarbeit

Bewegungslandschaften

Hinaufgelangen, um damit Schwung zum Hinunterkommen zu gewinnen: Zu den elementaren Experimenten mit der Fall-Linie gehört natürlich auch, sich selbst mit einiger Anstrengung irgendwo hinaufzubewegen, um dann mit Schwung wieder herunterzurollen, -zufallen oder zuhüpfen. Kinder erleben da eine ganz elementare Sache: Man muss Energie aufbringen, um hinaufzukommen, und erhält Energie zurück, wenn man hinunterrutscht. Tatsächlich eine elementare Erkenntnis, die bei diesem „Experiment" gewonnen wird!

Die Bewegungslandschaft, die wir hier schildern, erlaubt vielfältige Erfahrungen. Z.B., weil es in ihr auf und ab geht: Für Kinder, die nicht in urwüchsiger Natur aufwachsen, ist der Boden unter ihren Füßen fast immer fest und waagerecht: Platter, fester, rutschsicherer Fußboden im Haus, kurzer Rasen und Plattenwege im Garten sind bestimmt bequem und unfallsicher, trainieren aber kaum das Stehen und Gehen auf unsicherem Grund. Diese faszinierende Herausforderung, außerhalb des Hauses vielleicht auf Waldboden, Hängen oder Sanddünen erfahrbar, lohnt es, durch solche Bewegungslandschaften wie in unserer Geschichte in die Krippe hineinzuholen.

Das Sich-Fortbewegen und Dahingelangen, sonst für Kinder zwischen zwei und drei schon routinierte Alltagspraxis, kann zwischen Matratzengebirgen auf einmal wieder als spannende Bewegungsaufgabe wahrgenommen werden, bei der körperliche Geschicklichkeit vielfältig gefordert wird.

Gleichzeitig ist es wohl auch die veränderte Raumwahrnehmung, die den Kindern großen Spaß bereitet, wenn aus dem Ruheraum ein Matratzen-Massiv wird: Statt aus der vertrauten Fußbodenperspektive können sie den Raum eben auch aus größerer Höhe erleben, und sie können ihn in neuen, vorher nicht vorhandenen Wegen durchmessen.

Die flexiblen Gummimatratzen in unserer Geschichte haben sich für eine solche Aktion besonders bewährt, weil sie eben eine besonders interessant modellierte Landschaft ermöglichen. Aber es gibt auch viele andere Materialien, mit denen man für diese Altersgruppe eine anspruchsvolle und fantasieanregende Bewegungslandschaft errichten kann: Hochstraßen aus aneinandergestellten Tischen und Stühlen; Felsen mit Klüften dazwischen aus Matratzenstapeln; Felsburgen und Bergrutschen auf aufgebautem und zusammengeklapptem Knüllpapier.

Unser „Hügel" im Schlafraum

Aufräumzeit

Bald wird der Tag in der Krippe zu Ende gehen. Karin räumt mit den Kindern die gerade benutzten Spiele weg. Zusammen aufräumen steht aber nicht nur am Ende des Tages auf der Tagesordnung, sondern immer dann, wenn eine Tagesphase zu Ende gegangen ist, wenn ein Spiel nicht mehr weitergespielt wird. Aufräumen ist dann immer eine gemeinsam von Erzieherin und Kindern durchgeführte Aktion, die sich so spielerisch anfühlt, dass man merkt, dass sie zum Spiel dazugehört: Die Puppen, die eben noch gespielt haben, werden jetzt in ihr Zuhause oder ihr Puppenbett zurückgelegt, weil sie müde sind. Die Autos kommen zurück in ihre Garage, wo sie daheim sind. Die Bauklötze legen sich wieder in ihre Bauklotzkiste. Die Kinder wissen wahrscheinlich noch nicht, was Aufräumen bedeutet und wozu es gut ist. Aber sie verstehen vollkommen, dass es gut ist, wenn alle Dinge zurück auf den Platz kommen, an den sie gehören.

Jedes Ding an sein Zuhause bringen: Aufräumen entspricht oft dem kindlichen Bedürfnis, alles an seinem Platz zu wissen.

Gemeinsames Aufräumen

Aufräumen und Ordnung machen: Lästige Pflicht in der Kindereinrichtung, zu der Überredungskünste notwendig sind? Muss nicht sein. Im Krippenalter haben Kinder die ideale Voraussetzung, Aufräumen als ganz natürlichen Vorgang des Ordnung-Schaffens zu erleben, von Anfang an. Sie bringen als Voraussetzung ihre entwicklungsbedingte Freude am Kategorisieren, am Einordnen von Dingen und am Erleben von Kreisläufen mit: Verschiedene Dinge haben verschiedene Plätze, Kreisläufe brauchen einen Anfang und ein Ende.

Kinder machen also gerne mit, wenn auf diese Voraussetzungen in dreierlei Hinsicht Bezug genommen wird:

Zunächst ist es sinnvoll, immer wieder kleine Aufräumphasen nach bestimmten Aktionen anzuleiten, statt am Ende des Tages ein für die Kinder unübersehbares Chaos zurückzuordnen – das würde die Kinder deutlich überfordern. Zum Zweiten ist es unabdingbar, den Aufräumvorgang als Erzieherin liebevoll zu gestalten und genauso angenehm zu begleiten, als wäre es ein (anderes) tolles Spiel: Ob das Zurückordnen von Dingen Freude macht oder nicht, hängt deutlich damit zusammen, ob dabei gelacht wird, ob die Kinder gelobt werden oder ob nur missmutige Anweisungen zu hören sind. Drittes Aufräum-Muss: Nur wenn Regale und Kistensysteme, in die die aufzuräumenden Dinge zurückkommen, eine für Kinder durchschaubare und einprägsame Ordnung aufweisen, kann die Sache Spaß machen wie ein Puzzlespiel: Wo gehört noch mal das hin? Gut ist die Ordnung, je klarer sie ist: Hier sind Kisten für alle Holzsachen, erst die Klötze, dann die Holzeisenbahn. Hier sind Kisten für alle Puppensachen. Und hier kommt alles für den Einkaufsladen hin.

Kapitel 8

Gemeinsam für das Kind da sein:

Brücken bauen zwischen Eltern und Pädagoginnen

8 | Gemeinsam für das Kind da sein:

Junge Eltern kleiner Kinder, die noch wenig Vorstellungen davon haben, wie eine Kindertagesstätte arbeitet, sind wahrscheinlich die anspruchsvollste Klientel in Bezug auf Elternarbeit. Sie gilt es, behutsam zu integrieren, in ihrer Rolle als junge Eltern ernst zu nehmen, ihnen mit Rat und Tat weiterzuhelfen, ohne dass sie sich bevormundet fühlen könnten. Wie bei den Kindern ist es auch in Bezug auf sie wichtig, zunächst ihre Bedürfnisse zu erkennen, um zu wissen, was die Pädagoginnen für sie tun können. Und wie bei den Kindern gilt: Es gibt nicht ein maßgebliches Elternbedürfnis, auch wenn Eltern in Kindereinrichtungen oft genug wirken, als seien sie alle einer – negativen? – Meinung. Erst wenn Pädagoginnen die Vielfalt der Bedürfnisse junger Eltern sehen können, können sie Eltern und damit auch den Kindern ihrer Krippe eine wertvolle Hilfe sein.

Erste Schritte ohne Kind:
Bedürfnisse junger Krippeneltern

„Lara besucht jetzt die Krippe! Erst waren wir heilfroh, in Zeiten knapper Krippenplätze einen guten Betreuungsplatz bekommen zu haben! Aber jetzt kommen bei mir die Skrupel: Lara wirkt plötzlich verstört, und manchmal haut sie mich mit ihren kleinen Händen, als wollte sie mich dafür bestrafen, dass ich sie so abschiebe!"

Endlich untergebracht, endlich wieder arbeiten! Unsicherheiten in Bezug auf den Schritt der Eingewöhnung in die Krippe kommen meist erst nach Aufnahme des Kindes: Nicht einfach ist es vor allem für das betreuende Elternteil, die Leere zu füllen, die durch das Abgeben der Betreuung des Kindes in andere Hände entstanden ist. Anders als beim eingewöhnten Kind, das jetzt stattdessen eine Fülle neuer Eindrücke bekommt, geht es beim vorher betreuenden Elternteil zurück: In den gewohnten Beruf, in die wieder stille Wohnung …

Es ist nicht einfach, in Bezug auf die Sorge um das Wohlergehen des eigenen Kindes anderen Menschen zu vertrauen.

Gerade verantwortungsvolle und liebevolle Eltern werden trotz bester Absichten, den Schritt der Eingewöhnung möglichst sicher und vernünftig zu gestalten, von Emotionen überrollt. Was brauchen sie von den Pädagoginnen?

„Ab morgen möchten wir beginnen, ihr Kind hier bis nachmittags zu betreuen!" – Manche Eltern erwarten, dass das Kind ab dem Tag der Eingewöhnung problemlos rund um die Uhr in der Krippe sein kann. Das ist pädagogisch falsch. Viele andere Eltern haben eher das entgegengesetzte Gefühl: Sie können nur schrittchenweise ihr Kind abgeben, um nicht das Gefühl zu haben, es werde ihnen weggenommen. Hier ist es sinnvoll, einen klaren Fahrplan abzusprechen, bei dem Bedürfnisse des Kindes, der Einrichtung und der Eltern gegeneinander abgewogen werden.

„Der zweite Tag der Eingewöhnung war der schlimmste: Lara schrie auf Beatas Arm, und ich musste mich plötzlich wegdrehen, weil mir selbst die Tränen kamen. Es war mir so peinlich, als Heulsuse dazustehen!"

Es ist für viele Eltern schwer, dass mit dem Beginn der Krippen-Zeit ihre Emotionen, die sonst nur innerhalb der Familie sichtbar waren, nun plötzlich in der Krippen-Öffentlichkeit sichtbar werden. Es tut gut, wenn Pädagoginnen immer wieder signalisieren, dass das Weinen der Eltern beim ersten, zweiten oder dritten Abgeben genauso wie der ängstlich-besorgte Blick bei den nächsten Übergaben nichts ist, für das man sich schämen muss. Im Gegenteil!

Als Experte für das eigene Kind ernst genommen werden

„Ich habe so viel Stolz daraus gezogen, ein guter Vater zu sein, Leon gut wickeln, füttern und in den Schlaf wiegen zu können. Aber was ich irgendwie hingekriegt habe, klappt in der Krippe ohne Probleme. Und auf einmal sind da Leute, die alles besser wissen wollen!"

Eltern in der Eingewöhnung plagt oft, dass ihre gerade erst langsam aufgebaute und erweiterte Fachkompetenz nun mit den Einschätzungen und Kenntnissen der Pädagoginnen konfrontiert wird. Bisher waren sie unbestritten die größten Experten, wie man ihr Kind am besten schlafen legt, wickelt, unterhält, bespaßt. Das Erlernen der Elternrolle hat ihnen Selbstvertrauen geschaffen. Nun scheint diese neue Fähigkeit, für ein Kind gut zu sorgen, in Frage gestellt zu werden: Bei denen schläft sie einfacher ein, isst besser …

Das mag sich manchmal so anfühlen, als hätte man seinen Arbeitsplatz übergeben, und den Nachfolger interessieren die eigenen alten Tricks nicht so recht.

Viele Eltern wollen einfach Wertschätzung spüren für das, was sie schon an ihrem Kind geleistet haben, um auf dieser Basis die Arbeit der Pädagoginnen als wertvolle Weiterarbeit betrachten zu können.

Gelingt es Erziehern, einen guten Informationsaustausch mit den Eltern zu realisieren, dann können sie aus dem Bedürfnis der Eltern nach Mitwirkung am Entwicklungsprozess ihres Kindes für alle Beteiligten einen großen Nutzen ziehen. Es ist für eine gute Entwicklung der Kinder unabdingbar, dass alle Bezugspersonen des betreuten Kindes miteinander im Austausch stehen.
Dies funktioniert langfristig, wenn

▶ Eltern und Pädagoginnen sich gegenseitig als verlässliche und interessante Ansprechpartner erleben,

▶ beide Seiten sich mit Respekt begegnen und dem anderen zugestehen, Experte zu sein,

▶ beide Seiten den anderen auch in schwierigen Fragen beteiligen und ein vertrauensvoller Umgang miteinander besteht.

Mitarbeiten können, statt Einfluss zu verlieren

„Es hat mir nach den üblichen Anfangsschwierigkeiten große Freude bereitet, meine Elternrolle aktiv zu gestalten: Meinem Kind gutes Material zu geben, es in seiner Entwicklung zu fördern. Nun, wo es in die Krippe geht, soll schon wieder alles vorbei sein mit dieser mich begeisternden Aufgabe? Schade!"

Eltern zu sein, ist für die meisten Menschen eine erfüllende Aufgabe. Es macht vielen Eltern Freude, sich selbstlos für die gute Entwicklung ihres Kindes zu engagieren. Schwierigkeiten kann es bereiten, wenn Eltern mit dem Beginn der Krippenbetreuung das Gefühl bekommen, nun diese Aufgabe abgegeben zu haben. Eine gute Krippe sollte nicht nur in Worten verdeutlichen, wie wichtig den Pädagoginnen die Zusammenarbeit mit Eltern ist, sondern auch klare Handlungsmöglichkeiten der Eltern aufzeigen. Gerade durch die Portfolioarbeit kann es gelingen, in einer für beide Seiten befriedigenden Weise für das Wohl des Kindes tätig zu werden: Bevor das Kind in die Krippe kam, haben die Eltern jeden Entwicklungsschritt, jede Besonderheit und Einzigartigkeit ihres Kindes direkt wahrgenommen. Bei Fragen wurde sich mit dem Kinderarzt oder den eigenen Eltern beraten.

Nun verbringt das Kind seinen Tag in der Krippe. Die Erzieherin erlebt die Entwicklung des Kindes und die Eltern erfahren diese nur noch aus zweiter Hand. Die Krippenerzieherin reiht sich nunmehr in die Riege der Fachexperten für kindliche Entwicklung ein. In der Krippe erleben die Kinder erstaunliche Dinge. Die zweijährige Lara deckt den Tisch, Luk singt sehr textsicher ein mehrstrophiges Kinderlied und die im Flur ausgestellten Gemälde der Kinder werden von allen bewundert. Die Entwicklungsschritte der eigenen Kinder nicht selbst zu erleben, sondern von den Erfolgen der Kinder zu Hause beeindruckt zu werden, ist für Eltern eine ungewohnte Erfahrung. Sie möchten auch einen Teil zum Fortkommen der eigenen Kinder beitragen und deshalb gern Beeindruckendes aus der Krippe daheim fortführen. Wenn dies zu Hause gelingt, benötigen Eltern in der Krippe Raum und offene Ohren, um davon zu berichten, Erfahrungen weiterzugeben oder Vorschläge für den Krippenalltag zu machen.

Um diesen Bedürfnissen gerecht zu werden, braucht es individuelle Formen der Elternzusammenarbeit: Die herkömmlichen Methoden, wie Elternabende und Gartenaktionen alleine reichen in der Krippe nicht aus.

Die Welt des Kindes teilen und verstehen

„Eben habe ich noch mit meinem Kind alles geteilt: Tage und Nächte, Lachen und Weinen ... Und nun erleben wir den Tag völlig getrennt, von seinem Lachen und Freuen in der Krippe, von seinen neuen Freunden und Spielgefährten kriege ich nichts mehr mit ..."

Gerade Krippeneltern ist es ein großes Bedürfnis, den Alltag ihres Kindes emotional teilen zu können, sie möchten am Lachen und Freuen des Kindes in der Krippe intensiv Anteil nehmen. Dazu gehört, die Spielgefährten ihres Kindes zu kennen und zu wissen, welche Krippenräume und Spielmaterialien bedeutungsvoll für das Kind sind.

Regelmäßige Elternhospitationen helfen den Eltern, sich mit dem Krippenalltag des eigenen Kindes vertraut zu machen. Ein gemeinsam mit dem Kind erlebter Krippentag bietet Stoff für viele Gespräche mit dem eigenen Kind, mit Freunden und in der Familie.

Auch das Ich-Buch, vorgestellt im Praxisteil, kann helfen, in umgekehrter Richtung eine emotionale Verbindung zwischen Elternhaus und Krippe zu schaffen: Nicht nur die Kinder lieben dieses Stückchen Zuhause, betrachten es oft versunken oder zeigen es voller Stolz vor. Auch für Eltern ist es ein gutes Gefühl, dem Kind etwas mitzugeben und zu wissen, dass sie im Krippenalltag Beachtung findet.

Rat erhalten, Verständnis erhalten

Junge Eltern – und hier ist jung keine Frage des Alters, sondern eine der Dauer der Elternschaft – werden oft von Unsicherheiten geplagt, gerade wenn sie wenig Erfahrung im Umgang mit Erziehungs-, Beratungs- und Betreuungseinrichtungen haben. „Haben wir mit unserem Kind alles richtig gemacht?" „Wird es sich in der Krippe gut verhalten?" „Ist unser Kind normal entwickelt?" Dies sind nur einige Fragen, die Eltern bewegen und irritieren. Daher ist es wichtig, den Eltern mit großem Verständnis zu begegnen, sie auf die Entwicklungsfähigkeit, die Potentiale und die Stärken des Kindes hinweisen. „Jedes Kind ist besonders und daher richtig": So kann das Motto lauten, das die Grundlage jeder Elternberatung bildet.

Elternberatung braucht eine vertrauensvolle Eltern-Pädagoginnen-Kooperation. Mit Vertrauen als Grundbasis lässt es sich leichter über kleine Erziehungsfehler reden, wird man im Gegenzug auf Verständnis für die unumgänglichen Organisationsprobleme des Krippenalltags stoßen.

Vertrauen entsteht durch eine offene Kommunikation. Die Dinge erklären, wie sie sind, darüber sprechen, was falsch sein könnte, und erläutern, wie es weitergeht, das schafft Transparenz und vermittelt allen das gute Gefühl, informiert zu sein. Pädagoginnen, die sauber und klar kommunizieren, werden leichter als Erziehungsprofis wahrgenommen und akzeptiert.

Standardinstrumente für gute Elternarbeit in der Krippe

Die Zusammenarbeit mit Eltern in der Krippe benötigt besondere Strukturen und Elemente. Die in der Kindergarten- und Schultradition bekannten Elternveranstaltungen allein verfehlen in der Krippe den Zweck. Deshalb ist es notwendig, gründlich über die Bedürfnisse von Eltern nachzudenken und mit den so gewonnenen Erkenntnissen neue Elemente der Elternzusammenarbeit zu erfinden und in der Praxis auszuprobieren.

Ohne die folgenden Formen der Zusammenarbeit sollte eine gute Krippe nicht arbeiten:

Regelmäßige Elterngespräche

Um regelmäßig statt situativ miteinander im Gespräch die Situation und Entwicklung des Kindes zu beleuchten, ist es wichtig, Elterngespräche in regelmäßigem Turnus anzubieten: Nicht nur auf Wunsch der Eltern, sondern aus berechtigtem pädagogischem Anspruch der Mitarbeiter des Kindergartens soll mindestens halbjährlich ein solches Gespräch stattfinden.

8 | Gemeinsam für das Kind da sein:

Staunen, freuen, beratschlagen: Die Portfoliomappe ermöglicht es, vergangene Entwicklungsschritte des Kindes Revue passieren zu lassen.

Im Gespräch soll es darum gehen, die Entwicklung des Kindes aufgrund von Fakten zu beleuchten und herauszufinden, welche Förderung und Unterstützung dem Kind gerade besonders guttun könnte. Dazu sind Vorarbeiten nötig:

▸ Die Pädagoginnen sollten das Kind in einer oder mehreren Situationen gezielt beobachten.

▸ Auf einem Einschätzungsbogen sollten Pädagoginnen das aktuelle Befinden des Kindes, seine soziale Situation, seine Lernhaltung, seine körperliche und geistige Entwicklung einschätzen.

▸ Das Portfolio des Kindes sollte betrachtet werden, um die Kompetenzentwicklung des Kindes überblicken zu können.

Auch die Eltern sollten gebeten werden, das Gespräch vorzubereiten, indem sie auch ihre Einschätzung vorab festhalten. Das macht zwar etwas Mühe und kostet Zeit, erlaubt es aber, im Gespräch die Einschätzungen miteinander vergleichen zu können. Gegen eine gut vorbereitete Erzieherin mit pädagogischer Argumentation kämen sich Eltern mit ihren „gefühlten" spontanen Einschätzungen vermutlich amateurhaft vor, was wir unbedingt vermeiden möchten.

Also sollte der Entwicklungsbogen auch den Eltern einige Tage vor dem Gespräch ausgehändigt werden, wobei beim erstmaligen Ausfüllen eine kurze Einführung zu manchen Fachbegriffen sinnvoll ist.

Ebenso kann es sinnvoll sein, auch die Eltern zur Hospitation, bei Bedarf auch zur Durchführung einer gezielten Beobachtung im Kindergarten einzuladen.

Auch das Portfolio kann den Eltern vor dem Gespräch mitgegeben werden. Ebenso sinnvoll ist es aber auch, dieses erst beim Gespräch selbst, bei einem älteren Kindergartenkind auch mit diesem zusammen, durchzusehen.

Gemeinsam kann im Gespräch auf Basis dieser Fakten besprochen werden, was in der nächsten Zeit in pädagogischer Hinsicht für das Kind gut sein könnte.

Zeigen, wie das Kind größer wird: Das Portfolio

Vom ersten Tag des Krippenbesuchs an sollte die Bezugserzieherin des Kindes über dessen Entwicklung „Buch führen": Das Portfolio ist ein Sammelordner, in dem mit unzähligen Fotos und kurzen Texten der Entwicklungsweg des Kindes dokumentiert wird. Die Dokumentation hat mehrere Zielrichtungen:

Für die Pädagoginnen geht es um Planung. Im Dokumentieren erfassen sie, was das jeweilige Kind gelernt hat und was es folglich als Nächstes lernen könnte. Mit jedem Bild, jedem Text und jeder Beobachtung lernen sie das Kind immer besser kennen, wissen, was es braucht, um sich optimal weiterentwickeln zu können.

Für die Eltern soll das Portfolio dienen, Einblick zu bekommen. Sie erfahren, was ihr Kind im Kindergarten erlebt, was es lernt, aber auch, wie es lernt, wenn sie nicht dabei sind. Natürlich soll das Buch auch Erinnerungen an diese wichtige Lebenszeit ihres Kindes aufbewahren.

Für das Kind kann das Portfolio später ebenfalls als Quelle von Erinnerungen dienen: „Schau mal, so hast du ausgesehen, als du noch nicht laufen konntest!" Aber darüber hinaus sollen die Bilder und Texte dem Kind dienen, um sein eigenes Lernen kennenzulernen. Dabei geht es vor allem darum, Stolz zu entwickeln, was es alles schon aus eigener Kraft geschafft hat!

Eltern werden eingeladen, an der Dokumentation der Entwicklung ihres Kindes mitzuwirken: „Steuern Sie eigene Fotoserien von wichtigen Entwicklungsschritten Ihres Kindes bei! Bringen Sie aussagekräftige Zeichnungen Ihres Kindes mit, halten Sie bedeutsame oder auch drollige Erlebnisse in kurzen Texten fest, um sie in das Portfolio einzuheften!"

8 | Gemeinsam für das Kind da sein:

Unsichtbares sichtbar machen: Dokumentationsposter

Krippenerzieherinnen können nicht davon ausgehen, dass Eltern ein umfassendes Fachwissen über die Entwicklungsbesonderheiten kleiner Kinder haben. Eltern sind deshalb dankbar, wenn entsprechende Informationen von der Krippe angeboten werden. Besonders gern nehmen Eltern Empfehlungen für praktische Tätigkeiten zu Hause mit.

Sehr leicht und für alle zugänglich ist es, pädagogische Begründungen über regelmäßig neu angefertigte Dokumentationsposter zu vermitteln. Während der Kindergarten hier regelmäßig die aktuelle Projektarbeit in einem oder mehreren Bildungsbereichen durch Fotos und Arbeitsbeispiele präsentiert und diese mit erläuternden und begründenden Texten kombiniert, verdeutlicht die Krippe mittels dieser Poster in erster Linie wichtige Entwicklungsschritte der Kinder und deren Förderung.

Wie male ich mit einem einjährigen Kind, welche Materialien benötige ich dazu? Dies könnten die Inhalte eines Atelierposters sein. Worauf kommt es in der Musikerziehung an? Welche Instrumente können schon von den Kleinen benutzt werden, welche Lieder eignen sich und wie gehe ich als Erwachsener im Musikbereich vor? Solche Fragen beantwortet ein aufschlussreiches Musikposter.

Wie verläuft die motorische Entwicklung der Kinder? Durch welche Materialien und Aktivitäten wird diese unterstützt? Was bietet die Krippe an, was sollte zu Hause getan werden? Das sind mögliche Fragestellungen, die auf dem Bewegungsposter geklärt werden. Die Poster können immer wieder neu zu unterschiedlichen Themen angefertigt werden. Es ist unbedingt darauf zu achten, dass die abgebildeten Inhalte den Entwicklungsherausforderungen der Kinder entsprechen. Deshalb empfiehlt es sich, mehrere Poster im Laufe der Zeit anzufertigen und immer wieder auszutauschen.

Selbstverständlich ist es auch möglich und nötig, die Eltern mit Hilfe von Dokumentationspostern über den Alltag der Kinder zu informieren. Hier ist Folgendes zu beachten: Neben dokumentierenden Fotoserien und Arbeitsproben der Kinder sollten immer die mit dem Projekt verbundenen Ziele aus dem Bildungsplan auf dem Poster benannt werden, damit Eltern nicht nur erfahren, was gemacht wurde, sondern auch, warum: Welche Ziele versucht die Pädagogin mit den abgebildeten Aktionen zu erreichen?

Dokumentationsposter können kürzere oder längere pädagogische Angebote wiedergeben. Sowohl eine pädagogische Sternstunde – also ein besonders gelungenes Angebot – als auch ein durchdacht geplantes mehrwöchiges Projekt können auf einem Poster erläutert und illustriert werden.

Einblick für Lesefaule und Kurzbesucher: Das Tagebuch

Um das Geschehen in der Krippe in kurzer, leicht aufzunehmender Form festzuhalten und zu dokumentieren, empfiehlt es sich, ein pädagogisches Tagebuch für jede Kindergruppe zu führen.

Hier können sich Aufzeichnung über den Tagesablauf der Gruppe finden, also Informationen darüber, welche Angebote und weitere Vorhaben stattgefunden haben und wie die Resonanz der Kinder war. Für die Eltern dient das pädagogische Tagebuch als ein kurzer Einblick in das zurückliegende Tagesgeschehen. Es hält fest, was am Tag gelaufen ist und was erlebt wurde. Das muss gar nicht allzu umfangreich sein: Wichtig ist nur, das Wesentliche eines Tages zu erfassen, sodass Eltern mit ihrem Kind darüber ins Gespräch kommen können.

Es ist sinnvoll, in kurzen Texten zu berichten, statt unschöne Stichwörter zu verwenden. Je bunter gestaltet, desto mehr Aufmerksamkeit erhält das Buch: Wenn Kinderbilder und Fotos im Tagebuch enthalten sind, ist es auch für Kinder höchst interessant, mit ihren Eltern oder alleine darin zu blättern und sich an vergangene Zeiten zu erinnern.

Das Buch sollte an zentraler Stelle gelagert werden, sodass es Eltern und Kindern jederzeit zugänglich ist. In der Krippe empfiehlt es sich in der Cafeteria eine Elternecke einzurichten, in der Eltern nicht nur gemütlich zusammensitzen und Gespräche führen können, sondern sich auch ganz in Ruhe die Tagebücher, Projektmappen und andere Dokumentationen pädagogischer Aktionen ansehen zu können.

Zusammen etwas bewegen – Gemeinsame Aktionen in der Krippe

Elterncafé
Ein- oder mehrmals im Monat erwarten Kinder und Erzieher nachmittags Gäste: Zum Elterncafé sind Eltern eingeladen, um bei einem selbst gebackenen und verkauften Kuchen und Gratis-Kaffee miteinander, mit Kindern und Pädagoginnen ins Gespräch zu kommen.

Ateliernachmittag
Einmal im Monat gibt es ein Eltern-Angebot im Atelier: Je nach Jahreszeit steht Weihnachtskartendruck, Laternenbasteln oder freies Malen auf dem Programm. Das verschafft Eltern Einblick in die pädagogische Arbeit. Und während der gemeinsamen künstlerischen Betätigung kommt man gut miteinander ins Gespräch.

Garteneinsatz
Einer der Kita-Klassiker: Samstags treffen sich Mütter und Väter, Erzieherinnen und Erzieher mit Gartengeräten, um im Frühling die Gartenanlage wieder in Schuss zu bringen. Gerade für gartenlose Großstadt-Eltern ist es ein seltenes Vergnügen, Beete umzugraben und Hecken zu stutzen.

Offen für neue Formen von Elternarbeit

„Der erste Elternabend, das war eine Enttäuschung! Statt einen tiefen Einblick zu bekommen, wie es den Kindern geht, was sie entdecken und den ganzen Tag machen, wurden wir nur mit Themen wie Schließzeiten und Essensgeld gelangweilt. So kommt man auch mit anderen Eltern nicht in Kontakt!"

Am Garteneinsatz der Eltern haben auch Kinder Spaß.

In unseren KLAX-Krippen probieren wir folgende Formen von Elternveranstaltungen aus:

Elternabend zu pädagogischen Themen

Der herkömmliche Elternabend, in dem es um die Vorbereitung von Festen oder Elternaktionen geht, ist in der Krippe von untergeordneter Bedeutung. Für ein gutes Gelingen der Erziehungspartnerschaft ist es wichtig, die Eltern in die wesentlichen Entwicklungsschritte der Kinder einzuführen und ihnen zu verdeutlichen, wie diese in der Krippe und zu Hause zu unterstützen sind.
Nie stehen diese Elternabende allein da. Den Eltern wird an einem **Spielvormittag** für Eltern und Kinder – möglichst an einem Schließtag wie zum Beispiel einem Samstag – verdeutlicht, was die theoretische Darlegung in der Praxis bedeutet.

An diesem Tag bringen die Kinder ihre Eltern mit in die Krippe. Die Eltern werden von den Erzieherinnen aufgefordert, ihre Kinder beim Spiel zu beobachten und die Beobachtung zu dokumentieren: Womit spielt mein Kind? Auf welcher Entwicklungsstufe des Spiels ist mein Kind tätig? Welche Erfahrungen mache ich, wenn ich versuche, mein Kind zum Spiel anzuregen oder gemeinsam mit ihm zu spielen?

Ein **Bastelabend für Eltern** gibt ihnen die Möglichkeit, die Spielmaterialien, die ihr Kind in der jeweiligen Entwicklungsphase benötigt, selbst herzustellen. Einsteckdosen, Aktionstabletts oder Pappkartonhöhlen selbst zu bauen und dann im Einsatz in Krippe oder zu Hause zu erleben, ist für Eltern ein wichtige Erfahrung, die sie bestätigt und ihnen als Partner im Erziehungsprozess eine wichtige Rolle zuweist.

Regelmäßige Eltern-Gesprächsrunden

können von den Bezugserzieherinnen der einzelnen Kindergruppen angeboten werden. Diese finden praktischerweise im kleinen Kreis in der Cafeteria der Krippe statt. Ein vorher bekannt gegebenes Thema („Mein Kind will alleine essen", „Mein Kind schläft nicht alleine ein", „Mein Kind beißt andere Kinder") hilft Eltern, sich je nach Interesse zu der Gesprächsrunde anzumelden. Hier geht es nicht um den Fachvortrag eines Erziehungsprofis, sondern um den Austausch von Erfahrungen und erlebtem Wissen, um sich gegenseitig zu beraten und weiterzuhelfen.

Womit spielt mein Kind? In Hospitationen haben die Eltern die Möglichkeit, ihr Kind beim Spiel zu beobachten.

Kapitel 9

Gezielt beobachten, Bedürfnisse erkennen, Themen entwickeln:

Planen in der Krippe

9 | Gezielt beobachten, Bedürfnisse erkennen, Themen entwickeln:

In dieser Woche wollen wir das Thema „Herbst" bearbeiten, und im nächsten Monat fördern wir dann gezielt die Feinmotorik? Nein, was schon bei älteren Kindergartenkindern unzureichend wäre – eine Planung ohne Bezug zu den Entwicklungsbedürfnissen der Kinder – kann bei Krippenkindern überhaupt keinen Sinn machen, ebenso wenig Wirkung bei ihnen entfalten.

Die Reihenfolge der Entwicklungsschritte können wir kaum steuern, wohl aber die Intensität, mit der sich Krippenkinder mit gerade für sie aktuellen Aufgaben beschäftigen: Neues, noch besser geeignetes Material bereitstellen! Ein zu dem aktuellen Thema der Kinder passendes Spiel, Lied, Vorlesebuch anbieten! Orte aufsuchen, wo es zu diesem Thema etwas zu sehen gibt!

Gezielte Fragestellungen als Beobachtungsthema

Begreiflich, dass eine gezielte und reflektierte Beobachtung der Schlüssel für eine gute Planung in der Krippe ist. Krippenerzieherinnen müssen viel Zeit investieren, um die Kinder ihrer Gruppe zu beobachten, und sie müssen sich eine Struktur des Beobachtens überlegen, um nicht nur Zufallsergebnisse wahrzunehmen. Was können und sollten die Pädagoginnen in der Krippe wahrnehmen?

Was macht jedes Kind in einem bestimmten Zeitraum? – Genaues Beobachten ist wichtig.

Das Tun der Kinder in offenen Spielsituationen steht bei der Beobachtung im Mittelpunkt. Was macht jedes einzelne Kind in einem bestimmten Zeitraum? Mit welchem Material, in welcher Ecke beschäftigt es sich besonders intensiv, und aus welchem Grund hat es genau diese Beschäftigung gewählt? Gibt es für das Kind etwas herauszufinden – etwa beim Rollenspiel, welchen Sinn eine bestimmte Verhaltensweise hat, oder bei einem Fallexperiment eine physikalische Gegebenheit?

Nicht nur die intensiven Beschäftigungen dürfen uns interessieren, sondern auch deren – vorzeitiges? – Ende: Warum wird eine bestimmte, vorher engagiert verfolgte Beschäftigung beendet? Mangelt es am Material, an Mitspielern? Fehlt dem Kind zur Erreichung seines Ziels eine bestimmte Fähigkeit? Oder musste die intensiv betriebene Beschäftigung beendet werden, weil sie gegen eine Regel verstieß, weil sie störend oder zu verschmutzend war?

Daran anschließen kann sich die weiterführende Frage: Welche Hilfe hätte dem Kind genützt, um sein Vorhaben fortzuführen? Könnte ein bestimmtes Material, könnte unser Eingreifen als Pädagoginnen, könnte eine bestimmte Übung dazu beitragen, die Beschäftigung weiter fortführenswert zu machen?

Sortieren der Beobachtungen

An diesem Punkt der Beobachtung haben die Pädagoginnen eine ganze Fülle von Beschäftigungen der Kinder ermittelt. Um aus diesem Wirrwarr an individuellen Vorhaben eine gemeinsame Planung für die Gruppe stricken zu können, müssen sie jetzt Hauptthemen aus der Auswahl gewinnen. An welchen Themen waren besonders viele Kinder interessiert, wo war ihr Interesse besonders hoch?

Um aufgrund der Beobachtungen strukturiert planen zu können, empfiehlt sich jetzt der Einsatz einer Planungshilfe. Gute Erfahrungen haben Erzieherinnen in der Krippe mit dem Einsatz der Lotusplanmethode gemacht: Auf dem Lotusplan befinden sich um die Kernfrage „Was tun die Kinder" acht Felder zum Eintragen ausgewählter, beobachteter wichtiger Beschäftigungen.

> **Beispiel:**
>
> Mehrere Kinder in der Einjährigen-Gruppe beschäftigen sich in verschiedener Form mit dem Thema „Abwasch". Am Spiel-Waschbecken wird dabei das Auswaschen von Gläsern simuliert. Weniger gut kommt an, dass die Kinder unbeobachtet schmutzige und saubere Teller zum Waschbecken im Bad tragen, um sie unter den Wasserstrahl zu halten. Dazu passt, dass sie teilweise nach dem Frühstück ihren Teller „auskippen", was natürlich nicht auf Begeisterung stößt. Die Kinder verfolgen jedoch sehr interessiert, wie dieses Essen in den Mülleimer fliegt.
> In eines der acht Felder des Lotusplanes tragen wir ein „Abwasch spielen".

Lotusplan

Gruppe: _____ Monat: _____ Erstellt am: _____

[Lotusplan-Raster mit „Was tun die Kinder?" im zentralen Feld]

Warum tun die Kinder das? – Hintergründe herausfinden

Jedes der acht Felder steht in Verbindung mit einem der acht ebenfalls achtfach unterteilten Außenfelder, die sich wie eine Lotusblüte – daher der Name des Plans – um das Innenfeld gruppieren. Was in den acht Innenfeldern eingetragen wurde, wird nun in die Mitte der acht Außenfelder übertragen.

Wozu dienen die acht kleinen Felder um die Mitte der Außenfelder? Hier tragen die Pädagoginnen ein, was die Kinder mit ihrem Tun eigentlich untersuchen. Worum könnte es ihnen dabei gehen? Sie wissen, dass Beschäftigungen, die mit großer Intensität betrieben werden, meistens eine Vielzahl an Untersuchungsthemen abdecken. Aus diesem Grund gibt es ja auch acht Felder zum Eintragen, nicht nur eines.

> **Beispiel:**
>
> Interessiert die Kinder am Abwasch das Verschmutzen und Sauberwerden von Gegenständen? Nehmen sie erstmals die hauswirtschaftlichen Aktivitäten, die für ihr Alltagsleben unternommen werden, wahr? Interessiert sie das Schütt-Experiment? Steht beim Herunterwerfen des Essens die Reinigung des Tellers im Vordergrund, interessiert die Kinder dabei das Fall-Experiment, oder geht es eher darum, die Wirkung eines als unerwünscht erkannten Verhaltens zu erproben?
> In die Außenfelder tragen wir ein: „Reinigen von Dingen", „Umschüttexperimente", „Fallexperimente", „Regelbewusstsein", „einfache Hausarbeiten" sowie „Müll".

Wieder treffen die Pädagoginnen eine Auswahl, welche der nun in den Außenfeldern eingetragenen Aspekte sie für wichtig halten, um sie in die Planung zu übernehmen. Bei der Auswahl hilft ihnen, dass sie zu einigen der anderen beobachteten Tätigkeiten gleiche Hintergründe vermuten und in die Außenfelder eingetragen haben: Auch beim derzeit aktuellen Thema „Durch den Gartenzaun schauen" kam das Thema „Müll" vor, denn das vorbeifahrende Müllauto faszinierte die Kleinen besonders. Umfüllexperimente wurden auch beim Thema „Malen im Atelier" beobachtet. Also scheinen diese Doppelungen auf eine besondere Bedeutung dieser Aspekte für die Kinder zu weisen.

Die Kinder interessieren sich gerade für Sortierexperimente – Was bedeutet das für unsere Arbeit?

Was könnte den Kindern bei „ihren" Themen weiterhelfen? – Anregung und Unterstützung planen

Ausgewählte Aspekte aus all den Außenfeldern übertragen die Pädagoginnen nun in die Blütenmitte auf einem zweiten Lotusplanraster. Ihre Frage ist nun: Wie können wir das Tun der Kinder zu diesen Fragen bereichern? Was ihnen dazu einfällt, tragen sie nun in die Blütenblätter um die ausgewählten Aspekte herum ein.

Beispiel:

Zum Aspekt „Müll" können wir eintragen:
Ein Bilderbuch über Müllentsorgung betrachten, den Müllmann beim Abholen unserer Tonne beobachten, die Essensreste ab jetzt durch die Kinder in den Mülleimer werfen lassen ...
Zum Aspekt „Umschütten" können wir eintragen:
Ein Schütttablett bauen, das Eingießen des Tees mit kleinen Kännchen üben, im Sandkasten das Umschütten mit Eimern initiieren ...

Auch im Sandkasten können die Kinder umschütten, wenn wir ihnen das Material dazu anbieten.

Ergebnis ist nun eine Planungshilfe, die für die Pädagoginnen Folgendes bietet: Sie können daraus eine Materialliste für zu beschaffende und herzustellende Dinge gewinnen. Sie können auf dieser Grundlage bestimmte Angebote und Ausflüge planen und – möglichst locker – mit Termin festlegen.
Vor allem haben sie für ihre Begleitung des Spiels der Kinder eine klare Richtung ermittelt, in die sie mit Impulsen und Spielvorschlägen gelangen wollen. Auch für die Gestaltung von alltäglichen Phasen wie der Essenssituation wissen sie nun, welches Vorhaben sie angehen können.

Altersbedingt veränderlich: Planungszeiträume

Wie oft macht eine solche Planung Sinn? Unsere Erfahrungen zeigen, dass dieses stark vom Alter der Kinder abhängt. Pädagoginnen mit Kindern im Alter um ein Jahr sollten sich jede Woche mit Lotusplänen zusammensetzen, um aus Beobachtungen eine solche Planung zu gewinnen. Bei zweijährigen Kindern kann eine gut durchdachte Planung durchaus über drei, vier Wochen umgesetzt werden.

Ein pädagogischer Materialfundus für Krippenerzieherinnen

Was im Plan festgehalten wurde, muss nun in die Praxis umgesetzt werden. Ständig gilt es, den Kindern neue, veränderte Entwicklungsanreize zu schaffen. Dazu müssen Materialien, die nun nicht mehr der Entwicklung der Kinder entsprechen, aus den Räumen entfernt und neue Materialien bereitgestellt werden.

Immer wieder füllen die Krippenerzieherinnen Aktionstabletts neu, stellen neue Steckbüchsen bereit: Die Gruppe der Einjährigen widmet sich immer mehr dem Rollenspiel. Da braucht es eine weitere Puppe, Puppengeschirr und leere Cremedosen.

Im Raum der Kinder unter Eins wurden in letzter Zeit viele kleine Babys aufgenommen. Hier müssen die Materialien mit denen die „Fast-Läufer" so gern gespielt haben, weggestellt und dafür mehr Schatzkörbe bereitgestellt werden. Doch wohin mit all den Materialien und woher die neuen nehmen?

Eine wunderbare Erfindung ist hier der pädagogische Materialfundus für Erzieherinnen. In manchen Einrichtungen ist dies ein eigener Raum, in anderen ein Regal im Erzieherraum. Wie großzügig diese Einrichtung auch sein mag, wichtig ist, Ordnung und Übersichtlichkeit zu gewährleisten.

Große Regale, die bis unter die Decke gehen, und eine gemütliche Sitzecke stellen die optimale Einrichtung dar.

Das Regal ist eingeteilt in Fächer für Aktionstabletts, Rollenspielmaterial und Babyspielsachen. Weiterhin stehen dort Fachzeitschriften und Bücher bereit.

An einer Stelle wird eine neue Zusammenstellung für ein Aktionstablett ausgestellt und wartet auf den Kommentar der anderen Kolleginnen.

In diesem Raum wird der pädagogische Alltag durchdacht und vorbereitet. Keine Krippe kann darauf verzichten.

Jedes Material hat seine eigene besondere Logik, seinen besonderen Zweck.

Kapitel 10

Was ein Kind nicht braucht:
Über unnötige Helfer und echte Gefahren

10 | Was ein Kind nicht braucht:

Mit Füttertricks satt werden, mit Töpfchentrick schneller sauber: Nicht nur an junge Eltern, sondern auch an Krippenpädagogen werden immer wieder Erwartungen herangetragen, was man alles tun müsse, um die Entwicklung des Kindes an diesem oder jenem Punkt voranzutreiben und zu beschleunigen. Für fast alle dieser Erwartungen hat die Babyartikelindustrie scheinbar nützliche Helfer erfunden. Wie Nein sagen, wenn Erzieher besser als Eltern wissen, warum Lauflernhilfen und Trinklernflaschen der Entwicklung eher schaden als nützen?

In diesem Kapitel stellen wir eine Auswahl solcher Erwartungen an Krippenpädagogen mit dazugehörigen Babyartikeln vor. All diese Dinge und von den Pädagogen erwarteten Handlungen haben gemeinsam, dass sie im besten Fall nur geringen Nutzen, zumeist aber eher Schaden anrichten. Unsere Texte sollen Argumente aufzeigen, warum man das alles nicht braucht.

Viele dieser scheinbaren Helfer verkaufen sich gut, weil die Hersteller damit Schutz versprechen: Mit Lauflernhilfe könne man gefahrlos das Laufen trainieren, ohne schon richtig stehen zu müssen, im Laufgitter kann man das Kind absetzen, ohne dass es gefährliche Erkundungen im Raum machen kann. Wo liegen eigentlich die wahren Gefahren? Eine Übersichtstabelle am Ende des Kapitels klärt auf, vor welchen Gefahren Erzieherinnen Krippenkinder wirklich schützen müssen und was dafür beachtet werden muss.

Gefährliche Niedlichkeiten

Der Glanz der Glasaugen eines Teddys ist sicherlich unvergleichlich. Aber in der Krippe sind Kuscheltiere mit Glasaugen aufgrund der Verschluckbarkeit dieses oft scharfkantigen Kleinteiles tabu. Schließlich ist unser Ziel, hier in der Krippe dem Kind eine Umgebung zu bieten, in der es ohne viele „Nein"- und „Vorsicht"-Rufe sicher und aktiv seine Welt erforschen kann, auch wenn dieses die Konsistenz des Kuschelbären ist. Auch die Puppe mit Klappaugen birgt für das Kleinkind eine ähnlich große Verschluck-Gefahr.

Viele Kleidungsstücke für Kleinkinder sind nicht nur unserer Ansicht nach ungeeignet für den Besuch in einer Gemeinschaftseinrichtung, sondern auch laut der Empfehlung der Unfallkassen, weil Kordeln, Hosenträger und Schleifen beim Rutschen und Klettern schnell schwerwiegende Verletzungen auslösen können. Ähnlich gravierende Schädigungen können von Ohrringen und Ohrsteckern ausgehen.

Es mag paranoid klingen, hinter Alltäglichkeiten wie Kordeln und Teddyaugen immer Gefahr und Verletzung zu sehen. Gehören solche Dinge nicht zum niedlichen Teddy oder Pulli dazu? Um stellvertretend aus der Sicht der Kinder zu argumentieren: Sich nicht zu verletzten und wehzutun, ist für Kinder eine sehr wichtige Angelegenheit: Es ist eine sehr frühe Regung, Schmerz zu vermeiden! Kinder wollen schon früh keine Angst davor haben müssen, sich auch bei stürmischen, wilden Bewegungen zu verletzten. Kleine Kinder wollen möglichst viele Dinge gefahrlos mit dem Mund erforschen können.

Ist es Kindern wichtig, Ohrstecker, Kordeln und bestimmte Hosenträger zu haben? Wohl kaum. Interessiert sie der niedliche Blick des Teddys, oder geht es eher um das warme, weiche Gefühl, wenn man seinen Kopf dagegenpresst? Kindersichere Bekleidung, kindersicheres Spielzeug sind kein Zugeständnis an ängstliche Erwachsene, sondern an erfahrungsfreudige Kinder.

Frühstücksdose

In vielen deutschen Krippen und Kindergärten gehört sie immer noch zur Standardausstattung: Die Frühstücksdose mit einem kleingeschnittenen geschmierten Brot und etwas Obst, vielleicht ein leicht gebräunter Apfel … Bestimmt meinen viele Eltern, ihrem Kind durch die Mitgabe eines besonders leckeren Brotes etwas Gutes zu tun, gewiss finden viele Erzieherinnen es praktisch, nicht noch schneiden und schmieren zu müssen …

In der Summe überwiegen die Nachteile. Von zu Hause aus kann kaum eingeschätzt werden, wie viel Brot oder Obst das eigene Kind heute essen mag. Dass jedes Kind unterschiedliche Speisen mitbringt, kann zu berechtigtem Neid führen. Vor allem ist es schade, durch die Frühstücksdosen-Mitbringerei auf das schöne Erlebnis des Gemeinschaftsfrühstücks zu verzichten: Das schmeckt gut, wer mag probieren? Willst du heute noch eine dritte Scheibe? Jetzt kriegt jeder noch ein Mandarinenstück.

Was spricht dagegen, wenn Eltern statt handgefertigter Klappstulle einen kleinen Geldbetrag für die Frühstückskomponenten mitbringen?

Rückhalte-Lätzchen und unechte Trinklernflasche

Alles selber machen wollen, aus Versuch und Irrtum lernen: Gerade bei Essenssituationen zeigen sich diese beiden Lernprinzipien des Kleinkindes in voller Konsequenz. Wenn Kleinkinder nicht mehr befüttert werden wollen, sondern selbst aktiv werden, wird das Sauberkeitsempfinden der Erwachsenen auf eine schwere Probe gestellt. Apfelsaft im Pulloverausschnitt und eingesessene Wurstschnitten am Po sind monatelanges Zwischenergebnis kindlicher Essversuche. Kein Wunder, dass Eltern und Pädagoginnen immer wieder nach Tricks suchen, die Selbstverschmutzung des Kleinkindes zu reduzieren. Leider sind die meisten Versuche dieser Art kontraproduktiv:

Der Teller auf dem langen Lätzchen soll garantieren, dass zwischen Hals des Kleinkindes und Essteller alles Herunterfallende auf das Lätzchen trifft. Funktionieren kann diese Methode natürlich nur, wenn das Kind durch unnatürliches Heranschieben des Stuhls an die Tischkante keine Bewegungsfreiheit beim Essen hat, und das ist schon fast Folter für Kleinstkinder, zumindest eine üble Form der Dressur. Unschön ist die Verwendung von Lätzchen mit Auffangschale, in die alle nicht im Schlund landenden Essensreste plumpsen, auf dass das Kind sie später weiteressen möge.

Ein weit verbreiteter Irrweg scheint die Verwendung von „unechten" Trinklernbechern zu sein. Damit meinen wir Trinklernbecher mit einem Sauger: Der einzige Gewinn im Unterschied zum Nuckelfläschchen scheint hier zu sein, dass sie äußerlich schon eher einem Becher gleichen. Der angestrebte Lerneffekt, der darin besteht, den Becher nicht zu sehr zu kippen, um sich nicht nass zu machen, entfällt aber, weil der Nuckel ja das Austreten von Tropfen verhindert. Ohne das unangenehme Erlebnis des Nasswerdens kann man die richtige Haltung des Bechers aber wohl kaum lernen. „Aber dazu wären unsere Kinder altersgemäß auch noch nicht in der Lage!", mag das Gegenargument heißen. Wenn es ohnehin so ist: Was spricht dann gegen die Verwendung des echten Nuckelfläschchens?

Was ein Kind nicht braucht:

Füttertricks

„Er hat heute gut gegessen!" Gewiss macht es stolz, Eltern beim Abholen mitteilen zu können, dass sich ihr Kind auch beim Essen wie zu Hause fühlt, dass es sich prächtig entwickelt. Erfahrene Krippen-Pädagoginnen kennen Tricks, die meistens funktionieren, um Kinder zum Essen und Trinken zu animieren: Ein wenig die Lippen mit Nuckel oder Löffel stimuliert, später mit dem Löffel Flugzeuganflug spielen …
Tricks erzeugen keine Bedürfnisse, sondern lenken davon ab. Kleinkinder sollen essen, weil sie Appetit verspüren, statt zu essen, obwohl sie keinen Appetit verspüren!

Aber wenn ich nicht nachhelfe, ernährt sich doch das Kind unzureichend oder total unausgeglichen? Keine Angst: Gerade Kleinkinder sind nach wissenschaftlichen Studien noch sehr gut darin, sich intuitiv entsprechend ihres Nährstoffbedarfs zu ernähren, wenn man sie frei wählen lässt. Sie holen sich über kurz oder lang die Nährstoffe, die sie brauchen: Auch wenn sie bei einzelnen Mahlzeiten scheinbar übertriebene Mengen bestimmter Nährstoffe zu sich nehmen, gleichen sie das bei den kommenden Mahlzeiten aus.

Gegen den Appetit und Hunger füttern ist also tabu, Appetit machen dagegen sinnvoll und wichtig: Wenn das Essen in einer angenehmen Atmosphäre stattfindet; wenn die Kinder Zeit haben, sich darauf einzulassen; wenn es nicht auf Löffelbenutzen und Reinlichkeit ankommt, sondern auf lustvolles Genießen; wenn Pädagoginnen Appetit machen durch Mitessen und Loben des guten Geschmacks, dann ernähren sich Kinder bereitwilliger als mit den raffiniertesten Füttertricks.

Laufstall für Laufende

Kann man in einem Laufstall laufen? Trotz des Namens: Eigentlich nicht. Für Kinder, die sich laufend oder kriechend fortbewegen können, bietet der Laufstall so viel Komfort wie der Käfig in der Legebatterie dem Huhn. Deswegen könnte man die Regel aufstellen: Laufställe eignen sich nur für Kinder, die sich noch nicht fortbewegen können. Aber sind sie dann für die sich mühsam drehenden Kleinstkinder nötig? Sind diese nicht ohnehin besser auf einer großflächigen Unterlage aufgehoben?

Ein häufiges Gegenargument lautet:
Die Gitter des Laufstalls trainieren beim Kind das Hochziehen und Aufrechthalten, sind also eher Trainingsgerät als Umzäunung. Was aber spricht dagegen, im Raumgefüge viele Möglichkeiten des sicheren Heraufziehens anzubieten? Kinder fühlen sich – zu Recht – von klein auf durch Laufställe separiert:

Sie spüren, dass die Gitter Distanz schaffen; sie erfahren, dass sie mühsam hinein- und herausgehoben werden. Besonders unschön ist es, wenn Laufstallgitter auch noch mit – womöglich bedrucktem, gemusterten – Stoff verkleidet sind, um angeblich Reizüberflutung zu vermeiden. Statt die vertraute Umgebung betrachten zu können, hören sie dann nur deren Geräusche, ohne die sie hervorbringenden Situationen erfassen zu können.

Machen wir uns nichts vor: Laufställe wurden und werden dafür gebaut, um Kindern einen ganz kleinen Raum für sich zu bieten, inmitten einer Umgebung, die nicht auf sie eingestellt ist. Krippenräume sollen Räume sein, die in jedem Raumbereich und jedem Winkel für Kinder ausgestaltet sind. Abgrenzungen und „Nur für Erwachsene"-Bereiche dürfen hier nur Ausnahmeerscheinung sein!

Wickel-Gummihandschuhe

Wer sich vor übertragbaren Krankheiten fürchtet, sollte nicht in der Krippe arbeiten: In Bezug auf Viren und andere Krankheitserreger gibt es wenige Orte, an denen man sich so zuverlässig immer wieder neue Erkrankungen holen kann. Während die meistens dafür verantwortliche Tröpfcheninfektion durch Husten, Schniefen und Sabbern in der Regel als unvermeidlich gilt, glauben gerade junge Pädagoginnen, die Ansteckung durch Keime in den Ausscheidungen durch das Verwenden von Einweghandschuhen ausschließen zu können. Oder ist es die Unlust, sich mehrmals täglich die Finger durch Fäkalien zu verunreinigen?

In jedem Fall gilt: Ansteckung durch Keime in den Ausscheidungen sind vergleichsweise selten und können durch gründliches Händewaschen besser vermieden werden, zumal ja die Handschuhe tatsächlich jedes Mal entsorgt werden müssten. Schwerwiegender ist das zweite Argument: Latexhandschuhe fühlen sich beim Kind alles andere als „gefühlsecht" an. Gerade in der intimen Wickel-Situation ist der echte, warme Hautkontakt wichtig, während Handschuhe eher signalisieren, dass das Kind etwas sehr Ekliges in seiner Windel produziert hat. Auch wenn es ganz natürlich ist, fremde Ausscheidungen nicht zu mögen: Nähe verlangt Fingerspitzengefühl im wahrsten Sinne des Wortes.

Apropos: Das notwendige Fingerspitzengefühl verhindert auch eine weitere Unsitte in der Krippe: Zu lange oder künstliche Fingernägel können schmerzen oder verletzen, wo das Kind sanfte Berührung braucht. Und auch wenn Erzieherinnen damit kunstvoll und sicher umgehen, spüren die Kinder, dass sie allzu vorsichtig und kontrolliert statt direkt emotional angefasst werden.

Feste Wickelzeiten

Bei manchen Eltern gilt es als besonderes Zeichen für hohe Qualität der Krippe, wenn die Sache mit der Sauberkeit gut klappt: Die Kinder haben nie eine volle Windel, werden stattdessen zu regelmäßigen Zeiten gewickelt: Nach dem Frühstück, vor oder nach dem Mittag, nach dem Mittagsschlaf … Ist das nicht auch ein erlebbares Ritual, das den Kindern ihren Tag zu strukturieren hilft? Wenn wir Pflegesituationen als Lernsituationen begreifen wollen, müssen wir andere Prioritäten setzen. Im Sinne einer nachhaltigen Förderung der Sauberkeitsentwicklung sollen Kinder von früh an erleben dürfen, dass es einen Zusammenhang zwischen dem Gefühl einer etwas volleren Windel und dem nachfolgenden Wickeln gibt. Das funktioniert natürlich nicht, wenn sowieso alle Kinder zur festgesetzten Zeit gewickelt werden.

Etwas fehleranfälliger, aber für das Erwachsen von Verständnis für Sauberkeit sinnvoller ist es also, Kinder bei geprüftem und erkennbarem Bedarf zu wickeln: Na, brauchst du nicht eine frische Windel?

Sauberkeitserziehung

Für manche Eltern scheint es die wichtigste Aufgabe der Krippe zu sein, das Kind „trocken zu legen", also von der Windel schnellstmöglich wegzubekommen. Auch wenn Hintern abputzen unschön ist und Windeln mehr Geld kosten als Spülwasser: Den der Toilettenbenutzung zugrunde liegenden Entwicklungsschritt der Darm- und Blasenkontrolle können Kinder wie alle anderen wesentlichen Entwicklungsschritte nur alleine in ihrem Tempo bewältigen. Drängeln und Üben von Seiten der Erwachsenen bewirkt im besten Fall nichts. Statt Sauberkeitserziehung sollte also nur das Wort Sauberkeitsentwicklung zu hören sein, und es kann, wenn es überhaupt im Krippenalter schon Thema ist, nur heißen: Eltern und Pädagoginnen sprechen über eventuell gerade erreichte Fortschritte auf dem Weg weg von der Windel, um den sich damit verändernden Bedürfnissen des Kindes in Bezug auf die Sauberkeitsfrage gerecht zu werden.

Um an den vorangegangenen Punkt anzuschließen: Feste Töpfchen- oder Klozeiten sind ein besonders ungeeignetes Mittel, um Kinder beim Sauberwerden zu unterstützen. Wenn Kinder zur festgesetzten Zeit auf das Klo geschickt werden, spielt ihre Wahrnehmung innerer Bedürfnisse überhaupt keine Rolle. Es hilft auch nicht, wenn sich ab und an beim Herumsitzen und Warten ein zufälliges „Erfolgserlebnis" einstellt: Passiv auf etwas zu warten, was irgendwann sowieso eintritt, ist keine Leistung, also auch kein Erfolg.

Töpfchen

Zu Hause vielleicht kaum entbehrlich, für die Krippe gibt es bessere bauliche Lösungen: Ein Mini-WC aus Keramik lässt das Kind schon bei den ersten Versuchen des Toilettengangs erfahren, wie größere Menschen es machen. Töpfchen sind aufgrund ihrer Hand-Spülung unhygienisch und für Erzieherinnen unappetitlich, und Kinder können wohl aufgrund des Wegkippens kaum ihre Geschäfte alleine erledigen. Besonders bedenklich wird es, wenn das Töpfchen zum Kind kommt, statt das Kind zum Töpfchen: Das Kleinkind aus Bequemlichkeit direkt im Spiel- oder Schlafraum auf den Topf zu setzen, ist auch für Kleinstkinder unschön. Übrigens: In dem Alter, in dem Kinder normalerweise auf natürlichen Wege sauber werden, können sie ganz selbstständig auf ein richtiges Klo gelangen, höchstens unterstützt durch ein kleines Fußpodest.

Strafen und Tadel

„Kathrin ist jetzt ganz traurig, weil du den Brei umgekippt hast!" – „So, jetzt setze ich dich runter, weil du immer weiter mit Sachen wirfst!" Wie sollen Erzieherinnen in der Krippe, in der es ja einfache, klare Regeln gibt, diese durchsetzen? Ziemlich automatisch mögen Pädagoginnen (wie Eltern) hier zu Lob und Tadel greifen, wenn auch in altersangemessen abgeschwächter Form.

Unstrittig ist aber: Das Verhalten von Kleinkindern kennt kein Gut und Böse. Die Tatsache, dass sie selbst durch Hauen und Kneifen jemand anderem Schmerz zugefügt haben, können sie in ihrem egozentrischen Blick auf die Welt nicht verstehen. Deswegen ist weder Kathrins „Trauer" über das Umkippen des Breies noch die Strafe des Heruntersetzens vom Tisch ein funktionierendes Mittel. Völlig unverständlich mögen strafende und tadelnde Worte sein, wenn Verhaltensweisen damit gerügt werden, die in anderem Kontext sogar positiv bestärkt werden: Das entwicklungsbedingte Bedürfnis, Dinge zu werfen, wird beim Bewegungsangebot gelobt, bei Essen jedoch getadelt. Beim Matschen mit Ton ist gewollt, was zu Tisch nicht gerne gesehen ist.

Zusammengefasst gesagt: Kleinkinder brauchen klare „Neins" und freundliche Erklärungen, dass sie etwas nicht machen sollen. Kneifende, schmeißende, beißende Kinder brauchen keine unangenehme Folgehandlung auf ihr „Fehlverhalten", sondern eine klare, aber unaufgeregte Ansprache, um zu begreifen, was sie besser unterlassen sollen. Andersherum gilt: Auch Lob für Wohlverhalten wird nicht verstanden. Kleinkinder brauchen viel Lob für Dinge, die sie gut können. Dinge, die sie gut meinen, gibt es noch nicht.

Babywipper

Gut gemeint, aber für die Entwicklung ungünstig: Viele Pädagoginnen und Eltern möchten Kleinstkindern durch das Hineinsetzen in Babywipper einen guten Rundumblick und das Dabei-Sein ermöglichen. Vielen erscheint es außerdem fürsorglicher, das Kind etwas aufgerichtet in den weichen Polstern des Wippers aufzubewahren, statt es „einfach auf den Boden" zu legen, wo Schmutz und Zug vermutet werden. Und ist es nicht bei Kindern, die sich sowieso noch nicht drehen können, egal, wie sie liegen?
Es ist nicht egal. Kindern in den Babywippern fehlt nicht nur der Anreiz, die Lage zu verändern, sondern auch die Möglichkeit, mit kleinen Muskelbewegungen den ersten Anfang des Umdrehens zu erfahren. Die ersten, meist zufälligen Dreher können dauerwippende Babys nicht erfahren. Als orthopädisch ungünstig gilt die halb-aufrechte, trotzdem entspannte Körperhaltung auch.

Was ist die Alternative? Mut zum Boden: Die Kinder müssen nicht in unsere Höhe, sondern wir zu ihnen herunter. Rundumblick haben Kleinkinder auch, wenn sie auf der Seite liegen. Und auch über ihnen darf es etwas Interessantes zu sehen geben!

Beim Füttern und überhaupt gilt: Besser als im Wipper sitzt es sich auf dem Schoß des Erwachsenen, möglichst in einer einander zugewandten Weise. Und wenn Kleinkinder im Arm und im Tragetuch herumgetragen werden, zeigt sich auch, dass Erwachsene auch das besser können als das, was dem unnötigen Produkt den Namen gegeben hat: Wippen!

Babywalker

„Babywalker", aber auch „Lauflernhilfe" oder „Gehfrei" nennen sich allerlei Geräte, die dem Kind frühzeitig ermöglichen sollen, sich aufrecht vorwärtsbewegen zu können. Gerade die beiden letztgenannten Namen sind gute Beispiele für absichtlich irreführende Bezeichnungen: Weder helfen Babywalker beim Laufenlernen, noch ermöglichen sie ein freies Gehen. Statt motorische Basis-Fähigkeiten zu trainieren, vermitteln sie frühzeitig das Gefühl, etwas erreicht zu haben, was man noch gar nicht kann: Aufrecht stehen, laufen. Experten sind sich einig: Werden Kleinkinder in Gehfrei oder Babywalker gesteckt, hemmt das die Ausbildung des Stützapparates und schadet der motorischen Entwicklung. Und warum sollte man überhaupt versuchen, auf die Laufentwicklung fördernden Einfluss zu nehmen, wenn diese elementare Kompetenz ohnehin ohne Hilfen erworben wird? Sind nicht Lob und Bestätigung die einzigen sinnvollen Lauflernhilfen?

Gegen den Babywalker sprechen außerdem die zahlreichen Unfälle (in Deutschland jährlich etwa 5000!), die durch die damit erreichbaren, für Kleinkinder viel zu hohen Geschwindigkeiten bedingt sind.

Was ein Kind nicht braucht – Ein Fazit

Alles gut gemeint, aber schädlich für das Kind: In den Köpfen von Eltern finden sich wie in Katalogen von Babyartikelherstellern immer noch jede Menge Merkwürdigkeiten, die kleine Kinder nicht brauchen. Merkwürdige Vorstellungen vom Kind-Sein, merkwürdige Artikel für angebliche Bedürfnisse, die es bei rechtem Licht betrachtet nicht gibt.

Kann man aus all dem ein zusammenfassendes Fazit ziehen? Vielleicht das folgende: Unser Ziel sollte nicht sein, Kinder durch Schnellentwicklungstraining, Stehhilfe und Tischsitz frühzeitig fit für unsere Erwachsenenwelt zu machen, sondern ihnen in der Krippe einen eigenen Raum zu geben, in dem sie – wahrscheinlich viel besser und ungestörter als in den meisten Familien – die Untersuchungen und Erfahrungen machen können, die ihre Entwicklung braucht. Der Vorteil der Krippe, wenn sie denn kindgemäß gestaltet ist, liegt darin, anders als im Kontext der Familie die Bedürfnisse des Kleinkindes mit deutlichem Vorrang bei der Tagesgestaltung zu behandeln. In der Familie wird es immer eher auf einen Kompromiss im Zusammenleben von Alt und Jung hinauslaufen, was gewiss neben aller Wärme und Liebe, die die Familie nun mal bieten kann, auch seinen hohen Wert hat. In der Krippe jedoch kann der Spielraum Spielraum sein statt unterschiedliche, nicht immer vereinbare Funktionen zu tragen. Hier kann das Kind auf dem Boden liegen, wie es für seinen Rücken am besten ist, weil hier der Boden in erster Linie dafür da ist, statt nur Lauffläche für uns zu sein.

Raum für Kleinkinder heißt vor allem Zeit-Raum: Statt zu immer schnellerer Entwicklung gedrängt zu werden, brauchen Kleinkinder viel Zeit, um sich den basalen, einfachen und grundlegenden Entwicklungsschritten in Ruhe und Ausdauer widmen zu können. Lange am Esstisch mampfen, wenn ein Erwachsener zehnmal fertig ist, zum dreißigsten Mal ein Wasserglas auskippen: Solche Tätigkeiten, die Verständnis für deren Bedeutsamkeit genauso benötigen wie unerschöpfliche Gelassenheit, sind in der Kinderkrippe am besten aufgehoben.

Nicht für Kinder unter drei ...
Sicherheit in Kinderkrippen

Krippenkinder sind keine kleinen Kindergartenkinder. Ihre Fein- und Grobmotorik ist noch nicht sehr weit entwickelt. Ihre wenig ausbalancierten Körperproportionen sowie ihre Vorliebe für orale Erkundungen bringen so manche Gefahr mit sich, an die im Kindergartenalter niemand mehr denkt.

Wir versuchen in der folgenden Übersicht, auf wesentliche Gefahren und den Schutz vor Unfällen aufmerksam zu machen. Dabei erhebt diese Übersicht keinen Anspruch auf Vollständigkeit. Jede Krippe und jede Tagesmutter sollte sich mit der örtlichen Unfallkasse in Verbindung setzen und ihren Alltagsbetrieb auf Gefahrenquellen für unter Dreijährige untersuchen lassen. Wir haben die Unfallkassen immer als gute und kompetente Partner erlebt. Eine jährliche Begehung des Spielgartens durch den TÜV, sowie eine gute Zusammenarbeit mit den Aufsichtsführenden Behörden hilft jeder Kinderkrippe dabei, sich „sicher" zu fühlen.

Mögliche Folge	Gefahrenquelle/ Sicherheitstipp	Bemerkung
Abschnüren	• Nur Spieluhren mit umnähten Aufziehschnüren verwenden. • Keine Dinge mit elastischen Teilen in Kinderhände geben.	*Schnüre an Spieluhren und Ziehtieren können sich um Gliedmaßen und Finger wickeln und hier erhebliche Verletzungen herbeiführen. Gummibänder gehören aus diesem Grund nicht in Kinderhände.*
Aspirieren	• Puder, feine, leicht staubende Materialien, sowie Gegenstände jeder Form unter einem Durchmesser von 3 cm dürfen nicht in die Hände von Kleinkindern gelangen. Dazu gehören auch Dinge, die sich von Spielsachen ablösen können. • Vorsicht mit Puder bei der Pflege. Eingeatmet kann es schwere bronchiale Erkrankungen verursachen.	*Geraten Puder oder puderähnliche Substanzen (Mehl) in die Atemwege, führt dies bei Kleinkindern zu schweren Folgeerkrankungen. Deshalb bei Schütttabletts immer mit grobkörnigen Materialien (z.B. Grieß) arbeiten.* *Bei der Körperpflege kann auf Puder verzichtet werden, da dieses zum einen leicht einzuatmen ist und sich zum anderen in Verbindung mit Creme leicht in hautreizende Klümpchen verwandelt.* *Das Verschlucken von Kleinteilen ist eine große Gefahr in der frühen Kindheit. Deshalb unbedingt die Altershinweise des Handels an allen Spielmaterialien beachten.* *Für Kinder unter drei Jahren sind nur Kuscheltiere mit aufgestickten Augen zu verwenden. Knopfaugen können gefährlich sein.*
Einklemmen	• Türen in der gesamten Krippe mit Klemmschutz versehen. • Bei allen baulichen Teilen (Treppengeländer, Schlüssellöchern etc.) auf die notwendigen Sicherheitsabstände und Normvorgaben achten (Vorgaben der Unfallkassen).	*Überall haben kleine Kinder ihre Finger dazwischen. Erkundungstouren machen es notwendig, dass Kinder sich festhalten und abstützen können. Nur sollten dabei die Finger nicht in die Türspalte rutschen oder in einem zu kleinen Loch stecken bleiben. Auch Köpfe sind gefährdet. Die Vorgaben der Unfallkassen zu Sicherheitsabständen bei Geländerstäben etc. sollen die „Michel in der Suppenschüssel-Erfahrung" vermeiden.*

10 | Was ein Kind nicht braucht:

Elektrischer Strom	• In den für Kinder zugänglichen Bereichen ausschließlich gesicherte Steckdosen anbringen. Elektrische Geräte nur von Erwachsenen bedienen lassen und die Erreichbarkeit dieser Geräte durch Kinder verhindern.	*Im Zweifelsfall alle Steckdosen vom Elektriker überprüfen lassen. Auf die regelmäßige VDE-Prüfung aller elektrischen Anlagen achten.*
Ersticken	• Keine Bettdecken. Kinder unter drei schlafen im handelsüblichen Babyschlafsack. • Keine runden, ansaugbaren Gegenstände unter einem Durchmesser von 5 cm Kindern unter drei Jahren zum Spielen überlassen. • Keine Plastiktüten oder Folien in den Räumen. • Geringe Anzahl von Kissen, z.B. in Kuschelecken, unter denen ein Kleinkind beim Agieren begraben werden könnte.	*Kleine Kinder verfügen nicht über eine ausreichende Kontrolle der Motorik, um sich von einer über den Kopf gerutschten Bettdecke zu befreien. Deshalb empfiehlt der Handel, Bettdecken jeder Art erst ab dem dritten Lebensjahr einzusetzen.* *Alle Gegenstände verlocken das Kleinkind, diesen ausgiebig mit dem Mund zu erforschen. Bestimmte Gegenstände können hier zum Verhängnis werden, da vor allem runde Gegenstände besonders leicht in den Rachen rutschen können und dort auf Grund der verzweifelten Versuche des Kindes, Luft zu holen, angesaugt werden. Der dabei entstehende Unterdruck sorgt für einen festen Verschluss des Rachens. In den letzten Jahren sind deshalb die Größenempfehlungen für Kleinkinderspielzeug immer weiter heraufgesetzt worden.*
Ertrinken	• In Krippen sind Gartenteiche, überdimensionierte Wassergefäße, ungeschützte Regenentwässerungen und Sickerflächen unangebracht. Besondere Vorsicht ist beim Planschen in Bädern geboten. Kinder unter drei Jahren dürfen niemals ohne kontinuierliche Beaufsichtigung durch die Erzieherin ein Planschbecken benutzen.	*Beim Kleinkind ist der Körperschwerpunkt auf den großen Kopf verlagert.* *Kleine Kinder, die vornüber in ein flaches Wasser fallen, verlieren sehr schnell die Kontrolle über ihren Körper und schaffen es nicht, den Kopf aus dem Wasser herauszuheben. Deshalb ist die Gefahr des Ertrinkens für Kinder unter drei auch in flachen Gewässern sehr groß.*
Strangulieren	• Kordeln, Halsketten und andere schnurartige Bekleidungsaccessoires haben in der Krippe nichts zu suchen. • Dekorationen in Kinderräumen sollen für Kinder nicht erreichbar sein.	*In den letzten Jahren gab es in Deutschland einige schreckliche Unfälle, an denen sich Kinder an der eigenen Kleidung und an Halsketten stranguliert haben. Die Körperproportionen und die motorischen Fähigkeiten kleiner Kinder lassen es nicht zu, dass sie sich selbst aus solch misslichen Lagen befreien. Deshalb: kein Schmuck, keine Bänder und vor allem keine Kordeln!*

Stürze	• Höhen bei Klettergeräten und Podesten beachten, auf Fallschutz achten. Podest- und Hindernisflächen sollten immer dem Alter angepasst sein. • Treppen und Fenster sichern. • Auf TÜV- und GS-Zeichen bei Spielgeräten achten.	*Hindernisse überwinden, irgendwo hinaufgelangen, den eigenen Körper erfahren und die eigene motorische Leistungsfähigkeit erproben: dies gehört zu den wichtigen Erfahrungen der Kleinkinder. Die Erwachsenen müssen diese Erfahrungen ermöglichen, dafür aber eine sichere und geeignete Umgebung schaffen.*
Stürze der Erzieherin mit dem Kind auf dem Arm	• Erzieher tragen immer festes Schuhwerk, keine Latschen ohne Hackensicherung im Krippenbereich anziehen. Sämtliche Fußböden müssen rutschsicher sein. • Immer nur ein Kind tragen.	*Eine Überprüfung der Bodenfliesen in der Einrichtung ist unabdingbar. In Kinderkrippen sollten nur rutschhemmende Bodenfliesen Verwendung finden. Aber auch im Tagesablauf können Gefahren entstehen. Deshalb: Eventuell im Tagesgeschehen entstehende Pfützen sofort aufwischen. Fußbodenreinigung stets mit Materialien, die rutschhemmende Flächenbeschichtung garantieren, durchführen.*
Überhitzung	• Verwendung von Heizkissen, zu dicken Decken, Kirschsteinkissen etc. vermeiden.	*Die Wärmregulierung des Körpers muss sich bei kleinen Kindern erst einpendeln. Deshalb Vorsicht mit zusätzlicher Wärmezufuhr.*
Verbrühungen/ Verbrennungen	• Keine Tassen oder andere Gefäße mit heißen Getränken/ Flüssigkeiten im Kinderbereich abstellen. • Bügeleisen, Kochtöpfe, Kochplatten, Wasserkocher etc. haben nichts in den für Kinder zugänglichen Bereichen zu suchen. • Offenes Feuer z.B. durch Kerzen vermeiden.	*Hier auch auf herabhängende Deckchen, Tischtücher oder Ähnliches achten. Kinder halten sich daran fest und ziehen dabei das Deckchen samt daraufstehenden Dingen herunter.*
Vergiftungen	• Tabletten, Reinigungsmittel, Desinfektionsmittel, etc. für Kinder nicht zugänglich aufbewahren. • Gärten vor Benutzung nach Pilzen oder über den Zaun geworfenem Müll absuchen. • Keine giftigen Pflanzen in Kinderbereichen halten.	*Die Tasche oder Jacke der Erzieherin, für Kinder erreichbar aufbewahrt, wird zur großen Gefahr für die Kinder. Neugierig werden Taschen ausgeräumt und eventuell darin befindliche Tabletten oder Zigaretten verkostet. Deshalb niemals Taschen und Jacken im Kinderbereich aufbewahren, auch nicht nur kurz.* *Bei der Auswahl von Pflanzen, auch für den Garten, sollte man sich unbedingt von einem Experten beraten lassen.*
Verletzungen von Kindern durch Kinder	• Im Krippenalltag kann es immer vorkommen, dass Kinder sich beißen, hauen oder mittels Gegenständen gegenseitig verletzen. Dieses Verhalten ist im Krippenalter normal.	*Hier ist es wichtig, dieses Verhalten nicht als Aggression zu sehen oder als Unerzogenheit zu werten. Die Eltern beider Kinder (des verletzten, wie auch des verletzenden Kindes) benötigen eine intensive Beratung und respektvolle Betreuung durch die Erzieherin.*

Nachwort für Eltern und Erzieherinnen

Liebe Eltern, liebe Erzieherinnen,

wenn Sie bis hierhin gelesen haben, haben Sie eine Menge über Krippenkinder und ihre Bedürfnisse erfahren: Interessantes und Hilfreiches, vielleicht auch Überraschendes. Sicher haben Sie sich an der einen oder anderen Stelle auch bestätigt gefühlt, weil Sie – intuitiv oder aufgrund Ihrer professionellen Ausbildung – bereits vieles richtig machen.

Wenn Sie Mutter oder Vater sind, überlegen Sie vielleicht, Ihr Kind in einer Krippe anzumelden. Als Erzieherin oder Leiterin möchten Sie vielleicht Ihr Arbeitsfeld auf Kinder unter 3 erweitern, oder sind schon mitten dabei.

Wir möchten Ihnen daher Mut machen und zum Abschluss einen Brief einer jungen Familie mit auf den Weg geben. Briefe wie dieser bestätigen uns immer wieder in unserer Arbeit und motivieren uns täglich, uns immer weiter zu verbessern.

Liebes Team der KLAX-Kinderkrippe, liebe KLAX-Geschäftsführung,

ich finde, dass es einmal Zeit ist, mit diesem Brief „Danke" zu sagen: Unsere Tochter Luise geht nun fast ein Jahr in Ihre Krippe, und sie tut es sehr gerne. Offenbar fühlt sie sich sehr wohl in der Gruppe bei Annika und Astrid, und seit sie immer besser sprechen kann, erzählt sie es uns jeden Tag. Wer hätte das gedacht vor einem Jahr, als wir natürlich sehr froh waren, überhaupt einen Platz gefunden zu haben, aber voller Ungewissheiten waren: Schafft es Luise schon, den Schritt vom sicheren Zuhause in die „fremde" Welt der Krippe zu meistern? Ist es überhaupt gut für Kinder, so früh schon betreut zu werden – immerhin hört und liest man ja so viele Gegenargumente gegen Krippen, dass man als Mutter schon ziemlich verunsichert ist! Natürlich fühlt es sich für mich gut an, wieder in meinem Beruf arbeiten zu können. Aber das alleine ist es nicht, was mich seit Luises Krippenbesuch so zufrieden macht:

Grundsätzlich hat es mir im Erziehungsjahr sehr viel Spaß gemacht, tagsüber ganz alleine für Luise da zu sein. Aber mit zunehmendem Alter von Luise habe ich mich auch immer öfter mal gefragt, ob ich meiner Tochter wirklich alles geben kann, was sie für ihren turbulenten Alltag so braucht: Es ist ganz schön schwer, ständig mit ihr Puzzle zu legen, Steckbüchsen auszuprobieren, wieder zum Spielplatz auszurücken, vielleicht sogar den Tisch abzudecken und was zu malen … Ab einem bestimmten Alter des Kindes ist man als eine erwachsene Person schnell überfordert, Mutter, Betreuer und Spielkamerad in einer Person zu sein – jedenfalls geht mir das so!
Annika und Astrid und die anderen netten Erzieherinnen in Ihrer Krippe haben meine absolute Wertschätzung, denn was mich mitunter ziemlich überfordert hat, machen sie ja jeden Tag: Jedes Kind im alltäglichen Trubel wahrnehmen, lieb haben, unterstützen, es mit Essen, frischen Windeln und Schlaf zu versorgen, dazwischen noch jeden Tag ein interessantes Angebot gestalten.

Besonders bedanken möchte ich mich bei Ihnen dafür, wie gut Sie den Alltag aller Kinder mit Fotos und Berichten dokumentieren. Ich weiß nicht, ob es mir da anders geht als anderen Eltern, aber obwohl ich ja Luise gerne jeden Tag abgebe und mich dann in meine Arbeit vertiefe, vermisse ich sie zwischendrin immer mal sehr und wüsste gerne, ob es ihr gerade gut geht, ob sie lacht oder bedrückt in der Ecke sitzt … Und auch wenn die Fotos im Tagebuch und auf den Seiten im Portfolio natürlich nur einen kleinen Ausschnitt vom Tag in der Krippe abbilden können, ist es für mich jeden Tag ein schönes Gefühl, dadurch etwas vom dem mitzukriegen, was Luise so bewegt und erlebt und dann auch mit ihr darüber sprechen zu können.

Insgesamt also: Machen Sie bitte weiter so!
Es grüßt Sie Ihre Beate T. mit Familie

Literatur

▶ *Antje Bostelmann (Hrsg.):*
So gelingen Portfolios in Kita und Kindergarten. Beispielseiten und Vorlagen. Verlag an der Ruhr, 2007.
ISBN 978-3-8346-0322-7

▶ *Antje Bostelmann (Hrsg.):*
Achtung Eltern! Im Kindergarten.
Typische Konflikte mit Eltern, und wie man damit umgeht.
Verlag an der Ruhr, 2007.
ISBN 978-3-8346-0344-9

▶ *Antje Bostelmann (Hrsg.):*
Das Portfolio-Konzept für Kita und Kindergarten.
Verlag an der Ruhr, 2007.
ISBN 978-3-8346-0199-5

▶ *Antje Bostelmann (Hrsg.):*
Das Portfolio-Konzept für die Krippe.
Verlag an der Ruhr, 2008.
ISBN 978-3-8346-0413-2

▶ *Antje Bostelmann, Michael Fink:*
Mahlzeiten in der Krippe, m. DVD.
Lernchancen erkennen und Esssituationen einfühlsam begleiten.
Bananenblau, 2014.
ISBN 978-3-942334-37-2

▶ *Alison Gopnik, Patricia Kuhl und Andrew Meltzoff:*
Forschergeist in Windeln.
Wie Ihr Kind die Welt begreift.
Piper Verlag, 2003.
ISBN 978-3-4922-3538-9

▶ *Gerd E. Schäfer (Hrsg.):*
Bildung beginnt mit der Geburt.
Cornelsen Verlag Scriptor, 2006.
ISBN 978-3-5892-5373-9

▶ *Gerd E. Schäfer:*
Was ist frühkindliche Bildung?
Kindlicher Anfängergeist in einer Kultur des Lernens.
Beltz Juventa, 2. Aufl., 2014.
ISBN 978-3-7799-2938-3

▶ *Marielle Seitz:*
Kinderatelier. Experimentieren, Malen, Zeichnen, Drucken und dreidimensionales Gestalten.
Kallmeyer Verlag, 2006.
ISBN 978-3-7800-2074-1

▶ *Angelika von der Beek:*
Bildungsräume für Kinder von Null bis Drei.
Verlag das Netz, 2007.
ISBN 978-3-9377-8538-7

Internet

www.klax-online.de
Homepage der KLAX gGmbH mit Informationen rund um die KLAX-Pädagogik, Fortbildungen, Einrichtungen etc.

www.familienhandbuch.de
Ein Internet-Handbuch zu Themen der Kindererziehung, Partnerschaft und Familienbildung für Eltern, Erzieher, Lehrer und Wissenschaftler, herausgegeben vom Staatsinstitut für Frühpädagogik.

www.kindergartenpaedagogik.de
Mehr als 850 Fachartikel, Buchempfehlungen etc. zu allen emen rund um den Kindergarten, herausgegeben von Martin R. Textor und Antje Bostelmann.

Berufsbegleitende Weiterbildung zur Krippenpädagogin

beim Institut für KLAX-Pädagogik

Die Arbeit von Pädagoginnen mit Kindern im Alter von 0 – 3 ist nicht nur Pflege und Betreuung, sondern auch hochwertige qualitative Bildungsarbeit. Dieser Studiengang zur Fachpädagogin für Krippen gibt Ihnen Einblicke in die aktuellen Forschungsergebnisse zu Altersbesonderheiten, Entwicklungspsychologie und Bindungsverhalten 0- bis 3-jähriger Kinder. Sie lernen Möglichkeiten und Instrumente für eine optimale Eingewöhnung in der Kinderkrippe kennen und wie es gelingt, die spannenden Entwicklungsschritte in den ersten drei Lebensjahren eines Kindes optimal zu begleiten. Erfahren Sie, wie Entwicklungs- und Lernprozesse problemlos in die täglich notwendigen Tätigkeiten in der Krippe eingebunden, sowie Tagesstruktur, Raumgestaltung und Material an die Bedürfnisse der Kleinsten angepasst werden können. Sie, als Pädagogin, werden gebraucht, damit Sie die Lebensbedingungen und die Alltagszusammenhänge, in denen kleine Kinder leben, so gestalten, dass die Kinder ihre eigenen Kräfte neugierig forschend einsetzen können.

Das Institut für KLAX-Pädagogik bietet zudem auch Weiterbildungsveranstaltungen in Form von Tagesseminaren an:

1. Portfolioarbeit im Kindergarten
2. Bildung in der Krippe – von Anfang an!
3. Die KLAX-Pädagogik auf einen Blick!

Informationen zu den Veranstaltungen des Institutes für KLAX-Pädagogik

Unsere Tagesseminare und Einzelveranstaltungen bieten wir in Berlin, Bonn und Mülheim an der Ruhr an.

Im Rahmen der Weiterbildungsstudiengänge in Berlin finden zu allen Themen wiederholend 3-tägige Module statt.

Unsere Weiterbildungsveranstaltungen können auf Anfrage auch in Ihrer Einrichtung stattfinden. Sprechen Sie uns an – wir kommen auch zu Ihnen.

Informationen zur Anmeldung, Kosten und zu dem gesamten Programm des Institutes erhalten Sie beim:

Institut für KLAX-Pädagogik
Tel: 030-47 79 6145
institut@klax-online.de
https://klax.de/institut